Como Escrever
Melhor Cartas
Comerciais em Inglês

Como Escrever Melhor Cartas Comerciais em Inglês

Andrea B. Geffner
Ex-Diretora do Taylor Business Institute, Nova York
Presidente da ESCO, Inc., Nova York

Tradução
Carlos S. Mendes Rosa

Martins Fontes
São Paulo 2004

Para Marcus

Traduzido do original inglês
HOW TO WRITE BETTER BUSINESS LETTERS,
3ª edição, preparada por Andrea B. Geffner.
Copyright © by Barrons Educational Series, Inc.
Copyright © 1995, 1982 by Barrons Educational Series, Inc.,
Hauppauge, N.Y., USA.
Copyright © 2004, Livraria Martins Fontes Editora Ltda.,
São Paulo, para a presente edição.

1ª edição
julho de 2004

Tradução
CARLOS S. MENDES ROSA

Acompanhamento editorial
Luzia Aparecida dos Santos
Preparação do original
Solange Martins
Revisões gráficas
Marisa Rosa Teixeira
Dinarte Zorzanelli da Silva
Produção gráfica
Geraldo Alves
Paginação
Moacir Katsumi Matsusaki

Dados Internacionais de Catalogação na Publicação (CIP)
(Câmara Brasileira do Livro, SP, Brasil)

Geffner, Andrea B.
  Como escrever melhor cartas comerciais em inglês / Andrea B. Geffner ; tradução Carlos S. Mendes Rosa. – São Paulo : Martins Fontes, 2004.

  Título original: How to write better business letters.
  ISBN 85-336-2004-7

  1. Correspondência comercial em inglês I. Título.

04-4285   CDD-808.066651021

Índices para catálogo sistemático:
1. Cartas comerciais em inglês : Redação   808.066651021
2. Redação : Cartas comerciais em inglês   808.066651021

Todos os direitos desta edição para o Brasil reservados à
Livraria Martins Fontes Editora Ltda.
Rua Conselheiro Ramalho, 330 01325-000 São Paulo SP Brasil
Tel. (11) 3241.3677 Fax (11) 3105.6867
e-mail: info@martinsfontes.com.br http://www.martinsfontes.com.br

Sumário

Relação de modelos de cartas IX

Introdução XIII

1. Estilo comercial 1
   O tom 1
   Imagem 4
   O ponto de vista do leitor 7
   Organização 8
   Correio eletrônico 13
   Linguagem discriminatória 14
   CORRESPONDÊNCIA NA PRÁTICA 15

2. Formatação de cartas 21
   As partes da carta comercial 22
   Estilos de composição 25
   Estilos de pontuação 27
   P.S. 32
   Parágrafos diferentes 32
   O envelope 32
   CORRESPONDÊNCIA NA PRÁTICA 35

3. Cartas de solicitação 37
   Consultas 38
   Pedidos 41
   CORRESPONDÊNCIA NA PRÁTICA 43

4. Respostas 47
   Notificações 48
   Complementações 48
   Confirmações 51
   Remessas 51
   Confirmação de pedido 53
   Cartas preliminares 56

Respostas a consultas 60
Encaminhamentos 64
Recusas 65
CORRESPONDÊNCIA NA PRÁTICA 67

5. Cartas de crédito e cobrança 69
    Cartas de crédito 69
    Cartas de cobrança 77
    CORRESPONDÊNCIA NA PRÁTICA 82

6. Queixas, reclamações e reparações 85
    Queixas 85
    Reclamações 85
    Reparações 91
    CORRESPONDÊNCIA NA PRÁTICA 96

7. Cartas de venda e relações públicas 99
    Cartas de venda 99
    Cartas de relações públicas 106
    CORRESPONDÊNCIA NA PRÁTICA 110

8. Cartas de contato social 113
    Cartas de cumprimento 114
    Cartas de solidariedade 114
    Cartas de agradecimento 117
    Convites 118
    Avisos 121
    CORRESPONDÊNCIA NA PRÁTICA 123

9. Correspondência de emprego 125
    O currículo 126
    Cartas de candidatura a emprego 135
    Cartas complementares 141
    Cartas de referência e recomendação 143
    Recusa de oferta de emprego 146
    Rejeição de candidato a emprego 147
    Cartas de demissão 148
    Cartas de apresentação 148
    CORRESPONDÊNCIA NA PRÁTICA 151

10. Correspondência interna   153
   O memorando interno   153
   Atas   157
   CORRESPONDÊNCIA NA PRÁTICA   160

11. Comunicados de divulgação   163
   CORRESPONDÊNCIA NA PRÁTICA   167

12. Relatórios e propostas comerciais   169
   Relatórios informais   171
   Relatórios formais   176
   Propostas   184
   CORRESPONDÊNCIA NA PRÁTICA   190

Glossário de termos comerciais   193

Índice remissivo   199

Relação de modelos de cartas

modelo		página
2-1	As partes da carta comercial	23
2-2	Estilo justificado sem recuo	26
2-3	Estilo justificado	28
2-4	Estilo semijustificado	29
2-5	Estilo justificado com mancha quadrada	30
2-6	Estilo simplificado	31
2-7	Parágrafos especiais	33
2-8	Envelope	34
3-1	Consulta	39
3-2	Pedido	43
4-1	Notificação	49
4-2	Carta complementar	50
4-3	Confirmação	52
4-4	Confirmação de pedido	54
4-5	Atraso na entrega	57
4-6	Entrega parcial	58
4-7	Entrega substituta	59
4-8	Resposta à consulta I	61
4-9	Resposta à consulta II	63
4-10	Recusa	66
5-1	Pedido de crédito	71
5-2	Consulta de crédito	72
5-3	Referência de crédito	74
5-4	Carta de concessão de crédito	75
5-5	Carta de recusa de crédito	76
–	Carta de cobrança I	79
–	Carta de cobrança II	80
–	Última carta de cobrança	81

–	Confirmação de pagamento parcial	82
6-1	Queixa	86
6-2	Resposta a queixa	87
6-3	Reclamação I	89
6-4	Reclamação II	90
6-5	Carta de reparação I	93
6-6	Carta de reparação II	94
6-7	Carta de reparação III	95
7-1	Carta de venda por mala-direta	101
7-2	Carta de venda no varejo	102
7-3	Carta de promoção de venda	104
7-4	Carta de relações públicas I	107
7-5	Carta de relações públicas II	108
7-6	Carta de relações públicas III	109
8-1	Carta de cumprimento I	115
8-2	Carta de cumprimento II	115
8-3	Carta de condolências I	116
8-4	Carta de condolências II	116
8-5	Carta de agradecimento I	119
8-6	Carta de agradecimento II	119
8-7	Convite I	120
8-8	Convite II	120
8-9	Aviso formal	121
8-10	Combinação aviso–convite	122
8-11	Aviso informal	122
9-1	Currículo I	127
9-2	Currículo II	128
9-3	Currículo III	129
9-4	Carta de candidatura a emprego I	137
9-5	Carta de candidatura a emprego II	138
9-6	Carta de candidatura a emprego III	139
9-7	Carta complementar	142
9-8	Carta de referência	144
9-9	Carta de recomendação	145
9-10	Carta de recusa de emprego	146

9-11	Carta de rejeição de candidato	147
9-12	Carta de demissão	149
9-13	Carta de apresentação	150
10-1	Memorando interno I	154
10-2	Memorando interno II	155
10-3	Ata	159
11-1	Comunicado de divulgação I	165
11-2	Comunicado de divulgação II	166
12-1	Relatório informal (memorando)	172
12-2	Relatório informal (carta)	173-174
12-3	Relatório informal (formulário impresso)	175
12-4	Relatório formal (folha de rosto)	179-182
12-5	Proposta I	187
12-6	Proposta II	188-189

Introdução

O começo do novo século assistiu a avanços tecnológicos sem precedentes. De aparelhos de fax a telefones celulares, de correio de voz a internet, nossos recursos de comunicação tornam-se cada vez mais sofisticados. Atualmente temos condições de organizar, transmitir e utilizar informações em uma velocidade impensável há poucos anos, e podemos esperar criações ainda inimagináveis hoje em dia.

No entanto, apesar da "super-rodovia" da informação, a tecnologia da comunicação não dispensa a técnica de se comunicar. Ainda necessitamos de informações e idéias que sejam expressas por meio de um texto claro, compreensível, e uma pessoa que consiga escrever um texto desses em inglês é vital para as empresas. Assim, o bom domínio da língua continua sendo uma qualidade muito disputada no trabalho.

A capacidade de escrever correspondências comerciais em inglês é valiosa e disputada, e também pode ser adquirida. Apesar da mística que cerca a escrita, não se nasce sabendo escrever. As pessoas *aprendem* a escrever, assim como aprendem a ler, dirigir e usar computadores. Mas, tal como para aprender a dirigir um automóvel, é preciso esforço e treino para aprender a escrever. Quanto mais se escreve, melhor se torna a redação.

Já que você pode adquirir a capacidade de redigir e depois oferecê-la ao mercado, este livro vai-lhe servir de guia. Como qualquer bom manual, ele tem o objetivo de reduzir suas dificuldades à medida que você se aventura numa área desconhecida. Vai ajudá-lo a tomar o caminho certo e a manter a disposição. Este livro aponta o que fazer e o que não fazer em cada área da correspondência comercial. E, espera-se, vai fazer você adquirir maior independência e segurança ao redigir cartas em inglês.

1 Estilo comercial

O tom

Depois da ortografia, a maior dificuldade do redator de cartas comerciais pode ser desenvolver um estilo comercial apropriado. Um claro indício de inexperiência é, aliás, a tentativa evidente de soar muito "comercial".

> As per your request, please find enclosed herewith a check in the amount of $16.49.

Expressões como "herewith" e "as per" não acrescentam nada à mensagem e ao mesmo tempo fazem a carta soar formal e dura.

Portanto, o primeiro passo ao escrever uma carta comercial eficaz é relaxar. As cartas comerciais podem ter um tom que vai do amistoso ao formal, mas devem soar naturais. Dentro das normas da língua padrão, é claro, você deve tentar dizer as coisas de um modo "normal":

> As you requested, I am enclosing a check for $16.49.

Ao resistir à tentação de adotar o jargão comercial, você se concentrará mais no resultado dos negócios. A segunda versão do nosso exemplo não é apenas mais pessoal e amistosa; é mais eficaz. Usa menos palavras, tomando menos tempo para escrever e também para ler e compreender.

Lembrando-se dessa primeira dica, leia a lista de palavras e expressões a seguir. Depois tente eliminá-las do vocabulário que você usa na correspondência comercial.

EVITE ESTAS EXPRESSÕES NAS CARTAS COMERCIAIS

- according to our records
- acknowledge receipt of
- as to, with reference to, with regard to, with respect to
- at hand, on hand
- attached please find, attached hereto, enclosed herewith, enclosed please find
- beg to inform, beg to tell
- duly
- for your information
- hereby, thertofore, herewith
- I have your letter
- I wish to thank, may I ask
- in due time, in due course of time
- in receipt of
- in the near future
- in view of
- our Mrs. Campbell
- permit me to say
- pursuant to
- thank you again
- thank you in advance
- thereon

Em vez de...

- advise, inform
- along these lines, on the order of
- as per
- at an early date, at your earliest convenience
- at this time, at the present time at this writing
- check to cover
- deem
- due to the fact that, because of the fact that
- favor, communication
- for the purpose of
- forward
- free of charge
- in accordance with
- in advance of, prior to

Use...

- say, tell, let us know
- like, similar to
- as, according to
- soon, today, next week, *a specific date*
- now, at present
- check for
- believe, consider
- because
- letter, memo, *et al.*
- for
- send
- free
- according to
- before

- in compliance with
- in re, re
- in the amount of
- in the event that
- kindly
- of recent date
- party
- said
- same
- subsequent to
- the writer, the undersigned
- up to this writing

- as you requested
- regarding, concerning
- for
- if, in case
- please
- recent
- person, *a specific name*
- *not to be used as an adjective*
- *not to be used as a noun*
- after, since
- I/me
- until now

Perceba a diferença entre estas duas versões da mesma carta:

Exemplo 1

Dear Mr. Singh:

With reference to your order for a Nashito camcorder, we are in receipt of your check and are returning same.

I beg to inform you that, as a manufacturer, our company sells camcorders to dealers only. In compliance with our wholesale agreement, we deem it best to refrain from direct business with private consumers.

For your information, there are many retailers in your vicinity who carry Nashito camcorders. Attached please find a list of said dealers.

Hoping you understand.

Yours truly,

Exemplo 2

> Dear Mr. Singh:
>
> We have received your order for a Nashito camcorder but, unfortunately, must return your check.
>
> As a manufacturer, we sell only to dealers, with whom we have very explicit wholesale agreements.
>
> Nevertheless, we sincerely appreciate your interest in Nashito products. We are therefore enclosing a list of retailers in your community who carry a full line of our camcorders. Any one of them will be happy to serve you.
>
> Sincerely yours,

Imagem

Além de naturalidade, você deve tentar transmitir uma imagem positiva. Mesmo que o assunto da carta seja desagradável, é importante manter a delicadeza e o tato. A meta, ao escrever quase todos os tipos de carta, deve ser conquistar e manter a receptividade do leitor. Até um mau pagador pode um dia se tornar um bom cliente.

Um simples "please" ou "thank you" é suficiente para tornar mais agradável uma carta corriqueira. Em vez de:

> We have received your order.

experimente escrever:

> Thank you for your recent order.

Ou, em lugar do impessoal:

> Checking our records, we have verified the error in your November bill.

você pode tentar manter o cliente, redigindo assim:

> Please accept our sincere apologies for the error in
> your November bill.

Dizer "We are sorry" ou "I appreciate" ajuda muito a estabelecer relações comerciais compensadoras.

Por outro lado, tenha muito tato ao dar uma informação desagradável. NUNCA acuse o leitor com expressões como "your error" ou "your failure". Uma carta antipática diria:

> Because you have refused to pay your long overdue
> bill, your credit rating is in jeopardy.

Uma carta mais diplomática (e portanto capaz de dar mais resultado) diria:

> Because the $520 balance on your account is now over
> ninety days past due, your credit rating is in jeopardy.

Como a segunda frase não ataca o leitor pessoalmente (e também dá detalhes importantes), o teor será mais bem recebido.

Aqui é necessário ter cuidado. No esforço de serem agradáveis, alguns redatores terminam as cartas com frases fragmentadas:

> Looking forward to your early reply.
> Hoping to hear from you soon.
> Thanking you for your interest.

As frases no gerúndio (note a terminação em -ING) NÃO devem ser usadas para concluir uma carta. Não há justificativa para esses vícios gramaticais, ainda mais quando frases completas atingem melhor o objetivo:

> We look forward to your early reply.
> I hope to hear from you soon.
> Thank you for your interest.

Perceba a diferença entre estas duas versões do mesmo memorando:

Exemplo 1

TO: Department Supervisors

FROM: Assistant Director

Inform your subordinates:

1. Because so many have taken advantage of past leniency, lateness will no longer be overlooked. Paychecks will be docked as of Monday, March 6.

2. As a result of abuses of employee privileges, which have resulted in exorbitant long-distance telephone bills, any employee caught making a personal call will be subject to disciplinary action.

As supervisors, you will be required to enforce these new regulations.

Exemplo 2

TO: _____

FROM: Wanda Hatch, Assistant Director

Unfortunately a few people have taken advantage of lenient company policies regarding lateness and personal phone calls. As a result, we must all now conform to tougher regulations.

Please inform the members of your department that:

1. Beginning Monday, March 6, the paychecks of employees who are late will be docked.

2. Personal phone calls are no longer permitted.

It is a shame that the abuses of a few must cost the rest of us. But we are asking all department supervisors to help us enforce these new rules.

O ponto de vista do leitor

É possível ser educado e mostrar tato usando o tratamento direto. Em outras palavras, sua carta deve voltar-se para o leitor e dar a impressão de que você concorda com o ponto de vista dele. Por exemplo, é bastante educado dizer:

> Please accept our apologies for the delay.

mas:

> We hope you have not been seriously inconvenienced by the delay.

revela ao leitor o seu interesse.

Adotar o ponto de vista do leitor não significa que você deva evitar o uso de "I" e "we", se necessário. Porém, quando utilizar esses pronomes, lembre-se:

1 • Use "I" quando se referir a si mesmo (ou à pessoa que assinará a carta).

2 • Use "we" quando se referir à empresa.

3 • NÃO use o nome da empresa ou "our company", pois ambos soam muito formais, como as expressões da lista apresentada neste capítulo. Quer dizer, refira-se a uma pessoa pelo nome dela, em lugar de "I" ou "me".

Além disso, tenha cuidado ao usar o nome do leitor no corpo da carta. Embora, em princípio, esse recurso pareça dar um tom pessoal à carta, pode soar como condescendência.

Agora, compare as duas cartas a seguir e perceba o que as faz mais voltadas para o leitor.

Exemplo 1

> Dear Ms. Biggs:
>
> Having conducted our standard credit investigation, we have concluded that it would be unwise for us to grant you credit at this time.

We believe that the extent of your current obligations makes you a bad credit risk. As you can understand, it is in our best interest to grant charge accounts only to those customers with proven ability to pay.

Please accept our sincere regrets and feel free to continue to shop at Allen's on a cash basis.

Sincerely yours,

Exemplo 2

Dear Miss Biggs:

I am sorry to inform you that your application for an Allen's charge account has been turned down.

Our credit department believes that, because of your current obligations, additional credit might be difficult for you to handle at this time. Your credit reputation is too valuable to be placed in jeopardy. We will be delighted, of course, to reconsider your application in the future should your financial responsibilities be reduced. Until then, we hope you will continue to shop at Allen's where EVERY customer is our prime concern.

Sincerely yours,

Organização

Mais um detalhe sobre o estilo: a correspondência comercial deve ser bem organizada. *Planeje antes* tudo o que pretende dizer; *diga tudo o que for necessário* no texto; depois, pare. Em resumo, a carta deve ser coerente, completa e concisa.

Ao planejar a carta e antes de escrevê-la, anote o assunto principal. Depois, relacione todos os detalhes necessários para abordá-lo, que podem ser fatos concretos, motivos, explicações etc. Por fim, dê ordem à sua lista; na carta, você mencionará as coisas em uma ordem lógica para que a mensagem seja transmitida com a maior clareza possível.

A carta deve ficar completa já durante o planejamento. Verifique em sua lista se você anotou todos os detalhes importantes; o leitor da carta precisa receber todas as informações. Além de fatos concretos, motivos e explicações, as informações necessárias devem ainda apelar para o lado emocional ou a compreensão do leitor. Em outras palavras, DIGA O NECESSÁRIO PARA QUE O LEITOR REAJA COMO VOCÊ ESPERA.

Por outro lado, tenha o cuidado de não se alongar muito. Saiba quando a carta chegou ao fim. Se a mensagem for curta, resista à tentação de "recheá-la"; se já disse o que tinha a dizer em poucas linhas, não tente preencher espaço. É errado reiterar a idéia. Se o agradecimento já foi feito, você perturbará a ordem lógica – e, portanto, o impacto da carta – se terminar com:

> Thank you once again.

O acréscimo de uma mensagem diferente também enfraquece o efeito do assunto principal. Imagine receber uma correspondência de cobrança que termine assim:

> Let us take this opportunity to remind you that our January White Sale begins next week, with three preview days for our special charge customers.

Não dê ao leitor mais informações do que as necessárias:

> Because my husband's birthday is October 12, I would like to order the three-piece luggage ensemble in your fall catalog.

Claro que o funcionário responsável pelos pedidos preferiria saber o modelo das malas à data de aniversário do marido da cliente.

Do mesmo modo, procure eliminar da carta palavras e frases redundantes. Por exemplo:

> I have received your invitation *inviting me* to participate in your annual Career Conference.

Já que todo convite serve para convidar, as palavras *inviting me* são dispensáveis. Outro erro comum é dizer:

> the green-colored carpet

ou:

> the carpet that is green in color

Green *é* uma cor, então é desnecessário usar a palavra *color*. Os advérbios costumam provocar o mesmo problema:

> If we cooperate together, the project will be finished quickly.

Cooperate já significa fazer junto com alguém; portanto, não é preciso usar a palavra *together*.

Além disso, quando uma só palavra substitui claramente várias palavras, use-a. Em vez de:

> Mr. Kramer handled the job *in an efficient manner*.

diga:

> Mr. Kramer handled the job *efficiently*.

A lista a seguir de redundâncias comuns vai ajudar a solucionar esse problema ao escrever:

Expressões redundantes

Não use	Use
• and et cetera	• et cetera
• as a result of	• because
• as otherwise	• otherwise
• at about	• about

- attached hereto
- at this point in time
- avail oneself of
- be of the opinion
- both alike
- both together
- check into
- connect up
- continue on
- cooperate together
- customary practice
- during the time that
- each and every
- enclosed herewith
- enter into
- forward by post
- free gift
- have a tendency to
- in many instances
- in spite of the fact that
- in the amount of
- in the event that
- in the matter of
- in the process of being
- in this day and age
- inform of the reason
- is of the opinion
- letter under date of
- letter with regard to
- new beginner
- on account of the fact that
- owing to the fact that
- past experience
- place emphasis on

- attached
- at this time; now
- use
- believe
- alike
- together
- check
- connect
- continue
- cooperate
- practice
- while
- each *or* every
- enclosed
- enter
- mail
- gift
- tend to
- often
- although
- for
- if
- about
- being
- nowadays
- tell why
- believes
- letter of
- letter about
- beginner
- because
- because, since
- experience
- emphasize

• place an order for	• order
• repeat again	• repeat
• same identical	• identical
• send an answer	• reply
• up above	• above
• whether or not	• whether
• write your name	• sign

Agora, examine os dois exemplos a seguir. Note que as redundâncias da primeira carta são eliminadas na segunda.

Exemplo 1

Dear Ms. Rodriguez:

I am very pleased with the invitation that I received from you inviting me to make a speech for the National Association of Secretaries on June 11. Unfortunately, I regret that I cannot attend the meeting on June 11. I feel that I do not have sufficient time to prepare myself because I received your invitation on June 3 and it is not enough time to prepare myself completely for the speech.

Yours truly,

Exemplo 2

Dear Ms. Rodriguez:

I am pleased with the invitation to speak to the National Association of Secretaries. Unfortunately, I cannot attend the meeting on June 11.

I feel that I will not have sufficient time to prepare myself because I received your invitation on June 3.

I will be happy to address your organization on another occasion if you would give me a bit more notice. Best of luck with your meeting.

Sincerely yours,

É claro que, ao excluir detalhes irrelevantes e repetições, você deve ter o cuidado de NÃO cortar demais, deixando de fora palavras necessárias. Por exemplo, alguns redatores, na tentativa de ser mais diretos, erram ao omitir os artigos (*the*, *a* e *an*) e as preposições:

> Please send order special delivery.

O único efeito da omissão do "the" e do "by" é tornar a solicitação grosseira e impessoal. A frase correta é:

> Please send the order by special delivery.

NOTA:
> A composição em um processador de texto pode ajudar a chegar mais rapidamente a um estilo comercial. Não existe um recurso que componha o texto para você, mas será muito mais fácil fazer mudanças e correções escrevendo na tela do que em papel. Além disso, como os processadores de texto simplificam a revisão, não há desculpa para fazer frases rebuscadas e cometer erros gramaticais.

Correio eletrônico

Quando usar um computador a fim de mandar mensagens para a própria empresa ou para fora, não deixe de lado os princípios da correspondência comercial. Procure SER CLARO, DIZER TUDO, NÃO COMETER ERROS e SER EDUCADO, assim como nas formas mais usuais de correspondência. Mas há outros princípios ao usar o correio eletrônico:

1 • Escreva mensagens curtas, que caibam na tela, quando possível, para que toda a informação importante esteja visível.

USE frases curtas, abreviações e o jargão do setor que o destinatário conheça.

NÃO SEJA sucinto a ponto de a mensagem não ser entendida ou o enfoque parecer amador.

2 • Facilite a resposta à sua mensagem: diga ao leitor logo no início qual é o assunto *e* o que você espera que ele faça.

FAÇA perguntas que possam ter respostas curtas.

NÃO DÊ instruções longas que façam o destinatário sair do computador ou mudar de tela para buscar informações.

3 • Tome cuidado com os xeretas de computador: sua mensagem pode não só ser encaminhada ou impressa pelo destinatário, como também ficar gravada na memória do computador (mesmo que você a apague!).

TIRE PROVEITO da velocidade e da eficiência do correio eletrônico.

NÃO MANDE mensagens que ponham em dúvida seu caráter e suas habilidades.

Linguagem discriminatória

Como as mulheres têm uma participação cada vez maior no ambiente de trabalho, as palavras usadas para descrever as funções têm sido reexaminadas. Já que, por exemplo, um "businessman" pode ser uma mulher, tem-se optado pela forma neutra "businessperson".

Os pronomes da terceira pessoa do singular em inglês (*he/she, him/her, his/hers*) são diferenciados pelo gênero, de modo que o uso de pronomes cria um problema para o redator que tenta evitar uma linguagem "discriminatória". Normalmente, os pronomes masculinos são usados para referir-se a substantivos relativos a pessoas no singular:

An employer must be able to rely on *his* secretary.

Isso já não é aceitável.

Para contornar o problema, há várias soluções. Uma delas, ainda que esquisita, é usar ambos os artigos e pronomes:

> *An employer* must be able to rely on *his* or *her* secretary.

No entanto, isso pode soar estranho demais, principalmente quando um trecho contém vários pronomes e artigos. Assim, alguns redatores reelaboram a frase para evitar substantivos que indiquem o gênero; desse modo, pode-se usar um pronome na terceira pessoa do plural (sem referência a gênero):

> *Employers* must be able to rely on *their* secretaries.

Outra maneira de contornar o problema, talvez a mais simples, seja alternar os pronomes masculinos e femininos ao longo do texto.

Lembre-se, porém, de que muitas empresas têm diretrizes sobre linguagem "discriminatória". Algumas, por exemplo, ainda proíbem o uso do termo *Ms.* na correspondência; outras mantêm tratamentos antigos como *chairman* ou *congressman*. Do mesmo modo, a empresa pode ter uma diretriz sobre o uso de pronomes. Antes de revisar o texto do chefe ou as cartas que você escreve a fim de retirar todos os pronomes "discriminatórios", saiba como a empresa encara a questão.

CORRESPONDÊNCIA NA PRÁTICA

a. Reescreva as frases suavizando o tom duro.

Exemplo:
We are in receipt of your letter dated December 13, 2000.
We have received your letter of December 13, 2000.

1. Please advise us as to your decision.

2. In the event that your bill has already been paid, kindly disregard this reminder.

3. Due to the fact that your subscription has not been renewed, the next issue of *Run!* will be your last.

4. Feel free to contact the undersigned if you have any questions.

5. Pursuant to our telephone conversation of Friday last, I would like to verify our agreement.

6. Subsequent to last month's meeting, several new policies have gone into effect.

7. Please forward your order at your earliest convenience.

8. Our deluxe model copier is on the order of a Rolls Royce in terms of quality and precision.

9. Enclosed please find a self-addressed reply card for the purpose of your convenience.

10. I beg to inform you that, despite your impressive background, we feel that your skills do not quite match our needs.

b. Substitua as expressões por uma ou duas palavras com significado equivalente.

1. prepare a copy of your hard drive on tape or disk

2. a shopkeeper with a good reputation

3. performed the work with great effect

4. a sharp rise in prices accompanied by a fall in the value of currency

5. some time in the near future

6. ran off several copies of the original on a duplicating machine

7. people with the responsibility of managing an office

8. suffering from fatigue

9. in a decisive way

_____

10. handwriting that is nearly impossible to read

_____

C. Reescreva as cartas a seguir em um estilo mais refinado e conciso.

Dear Ms. Lawson:

I regret to inform you that we are completely booked up for the week of August 22. We have no rooms available because the National Word Processors Association will be holding their convention at our hotel during the week of August 22. As you will surely understand, we have to reserve as many rooms as possible for members of the association.

If you can't change the date of your trip, maybe you could find the double room with bath that you want at another hotel here in Little Rock.

Cordially,

_____

Dear Mr. Ross:

With reference to your letter of Thursday last, I can't answer it because my boss, Ms. Leonard, is out of town. If I gave you any information about the new contract with Hastings Development Corporation, she might not like it.

If Ms. Leonard wants you to have that information, I'll have her write to you when she returns in two weeks.

Yours truly,

_____

Dear Ms. Graham:

The information you want having to do with filing for an absentee ballot for the upcoming Presidential election, is not available from our office.

Why don't you write your local Board of Elections?

Sorry.

Sincerely yours,

2 Formatação de cartas

Planeje a aparência da carta antes de tratar do *conteúdo*, pois a apresentação é a primeira coisa que o leitor nota. Antes de ler qualquer palavra que você tenha escrito, o leitor forma uma opinião pela aparência da carta – a disposição, a qualidade de impressão etc.

Quando você for escrever a versão final do texto da carta, lembre-se de três coisas:

COMPOSIÇÃO • As cartas devem ter espaço simples e, entre os parágrafos, espaços duplos. A impressão precisa ser nítida. Os erros não devem ser corrigidos depois da impressão.

PARÁGRAFOS • A abertura de parágrafos deve ser feita com bom senso e também transmitir uma aparência de UNIFORMIDADE. Um parágrafo de uma linha seguido por outro de oito linhas cria um desequilíbrio na composição. Parágrafos com *aproximadamente* o mesmo tamanho são mais agradáveis visualmente.

ESPAÇOS EM BRANCO • Além do espaçamento dado pelos parágrafos, abra espaços centrando a carta na página. O texto deve ser circundado por uma margem ampla – no alto, embaixo e nas laterais. Se a carta for curta, evite começar o texto no alto da página; se for longa, não hesite em usar outra folha de papel. (Veja no exemplo 2-1 a sugestão de espaços entre as partes da carta.)

NOTA: Embora seja mais fácil compor uma carta no processador de textos do computador, cabe a você organizar a mensagem e dar-lhe a aparência final.

As partes da carta comercial

Se a disposição horizontal das partes de uma carta pode variar (veja a próxima seção, "Estilos de composição"), sua disposição vertical é padrão. Identifique no modelo (modelo 2-1) as seguintes partes da carta:

1. TIMBRE: O timbre, naturalmente, é o da empresa e vem impresso no papel. É usado somente na primeira página da carta.

2. DATA: Coloca-se a data da carta algumas linhas abaixo do timbre.

3. ENDEREÇAMENTO INTERNO: Escreve-se o endereço do destinatário do mesmo modo que no envelope.

4. DESTINATÁRIO: Nem sempre é necessário especificá-lo. Deve ser usado quando a carta é endereçada à empresa ou instituição como um todo, mas você prefere que ela seja lida por uma determinada pessoa. Deve ser sublinhado ou escrito em maiúsculas.

5. SAUDAÇÃO: Mesmo que "Dear Sir", "Dear Madam", "Dear Madam or Sir", "Gentlemen", "Gentlemen and Ladies" sejam aceitáveis quando a formalidade é necessária, use o nome da pessoa sempre que o souber. Se *não se sabe* o nome do receptor, o cargo da pessoa é a melhor forma de saudação.

6. ASSUNTO: Assim como a linha para o destinatário, a linha para o assunto é quase sempre omitida, mas sua inclusão ajuda o leitor. Ao chamar a atenção para o conteúdo, você o deixa decidir se a carta é ou não urgente. Deve ser sublinhado ou escrito em maiúsculas.

7. CORPO: É o texto da carta propriamente dito.

Flanagan's Department Store

1 — 12207 Sunset Strip
Los Angeles, California 91417

2 — June 7, 2000

3 — Ketchum Collection Agency
1267 Hollywood Boulevard
Los Angeles, California 91401

4 — ATTENTION: MS. TERRY ROBERTS

5 — Gentlemen and Ladies:

6 — Subject: Mr. Gary Daniels, Account # 69 112 003

We would like to turn over to your services the account of Mr. Gary Daniels, 4441 Natick Avenue, Sherman Oaks, California 91418. The balance on Mr. Daniels' account, $829.95, is now 120 days past due; although we have sent him four statements and five letters, we have been unable to collect his debt.

7 — Mr. Daniels is employed by West Coast Furniture Showrooms, Inc. He banks at the Natick Avenue branch of Third National City Bank and has been our customer for four years. We have enclosed his file for your reference.

We are confident that we can rely on Ketchum as we have in the past. Please let us know if there is any further information with which we can furnish you.

8 — Sincerely yours,

9 — FLANAGAN'S DEPARTMENT STORE

Martha Fayman

10 — Martha Fayman
Credit Manager

11 — MF/wg
12 — Enclosure
13 — cc Mr. Norman Hyman

8 • Fecho: É uma maneira educada e formal de finalizar a carta. As despedidas padrão são "Yours truly" ou "Truly yours" e "Sincerely yours", "Respectfully yours", etc. Devem-se evitar fechos muito coloquiais, a não ser em situações especiais. "Best wishes", por exemplo, pode ser usado quando o destinatário é seu conhecido. Expressões como "Fondly" ou "Love" devem, obviamente, ser usadas em cartas pessoais.

9 • Subscrição da empresa: É outro tópico geralmente omitido em correspondências mais formais, deve ser usado quando se assina como porta-voz da empresa, não como indivíduo. Como essa informação aparece no timbre, algumas empresas a omitem em qualquer caso.

10 • Identificação do assinante: Escrita quatro linhas abaixo do tópico anterior a fim de deixar espaço para a assinatura, consta do nome do assinante e seu cargo.

11 • Iniciais de referência: Consiste nas iniciais do assinante em maiúsculas, seguidas de uma barra ou dois-pontos e as iniciais em minúsculas do nome da pessoa que preparou a carta. Serve para indicar o responsável pelo texto.

12 • Anexo: Consiste apenas na palavra "enclosure" (ou "enc" ou "encl") ou na palavra "enclosure" seguida da lista de itens anexos; é um lembrete para evitar que o leitor ignore documentos importantes que estão no envelope.

13 • Notação "CC" ou C/C: Também um lembrete, avisa o leitor de que a carta foi enviada "com cópia" para a pessoa mencionada.

Estilos de composição

Como mencionamos, a disposição horizontal das partes da carta é variável – respeitando os limites dos cinco estilos básicos. Porém, a empresa pode ter um modelo preferido, que os funcionários devem utilizar.

JUSTIFICADO SEM RECUO (modelo 2-2): Todas as partes da carta começam na margem esquerda. Este é o modelo tradicional mais rápido de escrever.

JUSTIFICADO (modelo 2-3): Como no estilo justificado sem recuo, todas as partes da carta começam na margem esquerda, *exceto* a data, o fecho, a subscrição da empresa e a identificação do remetente, que iniciam no centro da página. (Opções: a data pode ficar alinhada na margem direita; as linhas reservadas ao destinatário e ao assunto podem ser centradas ou recuadas em cinco ou dez espaços.)

SEMIJUSTIFICADO (modelo 2-4): É igual à composição justificada, com uma diferença: o início de cada parágrafo tem um recuo de cinco ou dez espaços.

JUSTIFICADO COM MANCHA QUADRADA (modelo 2-5): É o mesmo que a carta justificada sem recuo, com duas diferenças: a data é escrita na mesma linha do início do endereço do destinatário e termina na margem direita; a abreviatura de referência e o lembrete de anexo são escritos nas mesmas linhas da assinatura e da identificação do assinante, permitindo que cartas mais longas caibam em uma só página. (Use uma linha com pelo menos 50 toques para que o endereço não se sobreponha à data.)

SIMPLIFICADO *ou* AMS (modelo 2-6): Criado pela Administrative Management Society, este estilo é igual ao

MODELO 2-2   Estilo justificado sem recuo

NORP National Organization of Retired Persons

Freeport High School, Freeport, Vermont 66622

October 14, 2000

Ms. Iva Stravinsky
Attorney-at-Law
200 Center Street
Freeport, Vermont 66622

Dear Ms. Stravinsky

<u>Subject: Guest Lecture</u>

The members of the Freeport chapter of the National Organization of Retired Persons would indeed be interested in a lecture on "Proposed Changes in the Financing of Medicare." Therefore, with much appreciation, I accept your offer to address our club.

The NORP meets every Tuesday at 8 P.M. in the auditorium of Freeport High School. The programs for our meetings through November 20 have already been established. However, I will call you in a few days to schedule a date for your lecture for the first Tuesday after the 20th that meets your convenience.

The membership and I look forward to your lecture on a topic so important to us all.

Sincerely yours

NATIONAL ORGANIZATION OF RETIRED PERSONS

Henry Purcell
President

HP/bm

justificado sem recuo, com as seguintes diferenças: (1) não se usa saudação nem fecho de despedida; (2) *deve* ser usada uma linha de assunto (sem a palavra "assunto") toda em letras maiúsculas; (3) a identificação do assinante é escrita em maiúsculas; e (4) as listas têm cinco espaços de recuo, a não ser que sejam relacionadas com números ou letras (caso em que são justificadas sem pontuação após os números ou as letras). Este estilo é muito conveniente, pois exige menos tempo para compor do que outros. No entanto, é impessoal. Por esse motivo, o nome do destinatário deve ser mencionado pelo menos uma vez no corpo da carta.

Estilos de pontuação

Seja qual for o estilo de pontuação, as *únicas* partes da carta (com exceção do corpo) seguidas de pontuação são a saudação e o fecho. No corpo, usam-se as regras normais de pontuação.

ABERTO: Não se usa pontuação, a não ser no corpo. (Veja o exemplo 2-2.)

PADRÃO: A saudação é seguida de dois-pontos; o fecho é seguido de uma vírgula. (Veja o exemplo 2-3.)

NOTA:
> A pontuação da saudação e do fecho deve ser coerente: ou *ambos* são seguidos de pontuação, ou *nenhum deles* tem pontuação. Note ainda que NÃO se usa vírgula após a saudação, o que só se aplica à correspondência pessoal.

MODELO 2-3   Estilo justificado

NORP   National Organization of Retired Persons

Freeport High School, Freeport, Vermont 66622

October 14, 2000

Ms. Iva Stravinsky
Attorney-at-Law
200 Center Street
Freeport, Vermont 66622

Dear Ms. Stravinsky

Subject: Guest Lecture

The members of the Freeport chapter of the National Organization of Retired Persons would indeed be interested in a lecture on "Proposed Changes in the Financing of Medicare." Therefore, with much appreciation, I accept your offer to address our club.

The NORP meets every Tuesday at 8 P.M. in the auditorium of Freeport High School. The programs for our meetings through November 20 have already been established. However, I will call you in a few days to schedule a date for your lecture for the first Tuesday after the 20th that meets your convenience.

The membership and I look forward to your lecture on a topic so important to us all.

Sincerely yours

Henry Purcell
President

HP/bm

NORP National Organization of Retired Persons

Freeport High School, Freeport, Vermont 66622

October 14, 2000

Ms. Iva Stravinsky
Attorney-at-Law
200 Center Street
Freeport, Vermont 66622

Dear Ms. Stravinsky

<u>Subject: Guest Lecture</u>

The members of the Freeport chapter of the National Organization of Retired Persons would indeed be interested in a lecture on "Proposed Changes in the Financing of Medicare." Therefore, with much appreciation, I accept your offer to address our club.

The NORP meets every Tuesday at 8 P.M. in the auditorium of Freeport High School. The programs for our meetings through November 20 have already been established. However, I will call you in a few days to schedule a date for your lecture for the first Tuesday after the 20th that meets your convenience.

The membership and I look forward to your lecture on a topic so important to us all.

Sincerely yours

Henry Purcell
President

HP/bm

NORP National Organization of Retired Persons

Freeport High School, Freeport, Vermont 66622

Ms. Iva Stravinsky   October 14, 2000
Attorney-at-Law
200 Center Street
Freeport, Vermont 66622

Dear Ms. Stravinsky

SUBJECT: GUEST LECTURE

The members of the Freeport chapter of the National Organization of Retired Persons would indeed be interested in a lecture on "Proposed Changes in the Financing of Medicare." Therefore, with much appreciation, I accept your offer to address our club.

The NORP meets every Tuesday at 8 P.M. in the auditorium of Freeport High School. The programs for our meetings through November 20 have already been established. However, I will call you in a few days to schedule a date for your lecture for the first Tuesday after the 20th that meets your convenience.

The membership and I look forward to your lecture on a topic so important to us all.

Sincerely yours

NATIONAL ORGANIZATION OF RETIRED PERSONS

Henry Purcell
President   HP/bm

NORP National Organization of Retired Persons

Freeport High School, Freeport, Vermont 66622

October 14, 2000

Ms. Iva Stravinsky
Attorney-at-Law
200 Center Street
Freeport, Vermont 66622

GUEST LECTURE

The members of the Freeport chapter of the National Organization of Retired Persons would indeed be interested in a lecture on "Proposed Changes in the Financing of Medicare." Therefore, with much appreciation, I accept your offer to address our club.

The NORP meets every Tuesday at 8 P.M. in the auditorium of Freeport High School. The programs for our meetings through November 20 have already been established. However, I will call you in a few days to schedule a date for your lecture for the first Tuesday after the 20th that meets your convenience.

The membership and I look forward, Ms. Stravinsky, to your lecture on a topic so important to us all.

HENRY PURCELL, PRESIDENT

HP/bm

P.S.

É melhor evitar os P.S., ou *post-scripta*. Se a carta for bem planejada, toda a informação necessária estará no corpo. No entanto, quando necessário, o *post-scriptum* é colocado da mesma forma que os outros parágrafos da carta, precedido por "P.S." ou "PS":

> P.S. Let me remind you of our special discount on orders for a dozen or more of the same model appliance.

Parágrafos diferentes

Quando o texto contém cotação de preços ou dados diferenciados, essa informação é inserida em parágrafos com formatação diferente (veja o modelo 2-7), recuados cinco espaços à esquerda e à direita, precedidos por uma linha em branco.

O envelope

O endereço no envelope deve ser igual ao endereço interno. No envelope, porém, o nome do estado deve ser escrito com a abreviatura oficial. Segundo as normas dos correios, o endereço deve ser blocado e com espaço simples, e incluir o código de endereçamento postal (CEP) um espaço depois do nome do estado.

O endereço de resposta, junto ao timbre, geralmente se encontra impresso nos envelopes comerciais.

F & G Franklin and Gordon Office Supplies, Inc.

72-01 Lefferts Boulevard, Rego Park, New York, 11206

September 15, 2000

Robert Nathan, CPA
222 Bergen Street
New Orleans, Louisiana 77221

Dear Mr. Nathan:

We appreciate your interest in Franklin and Gordon office supplies and are delighted to send you the information you requested:

> Ruled ledger paper, by the ream only, costs $45; with the purchase of six or more reams, the price is reduced to $42 per ream, a savings of at least $18.

> Black, reinforced ledger binders are $25 each; with the purchase of six or more binders, the price is only $23 each, a savings of at least $12.

Because we are the manufacturers of many other fine office supplies, ranging from ballpoint pens to promotional novelties, we have enclosed for your consideration a copy of our current catalog. Should you decide to place an order, you may use the convenient order form in the center of the catalog or call our 24-hour-toll free number (1-800-999-9000).

Please let us know if we may be of further assistance.

Sincerely yours,

FRANKLIN AND GORDON OFFICE SUPPLIES, INC.

George Gillian
Customer Service Manager

GG:jc
Enclosure

Flanagan's Department Store

12207 Sunset Strip
Los Angeles, California 91417

<u>Attention Ms. Terry Roberts</u>   <u>Registered Mail</u>

Ketchum Collection Agency
1267 Hollywood Boulevard
Los Angeles, CA 91401

Modelo 2-8 Envelope

CORRESPONDÊNCIA NA PRÁTICA

Digite esta carta em cada um dos cinco estilos de composição:
(A) Justificado sem recuo, (B) justificado, (C) semijustificado, (D) justificado com mancha quadrada e (E) simplificado.

Dateline: July 9, 2000
Inside Address:
    The Middle Atlantic Institute of Technology,
    149 Danbury Road, Danbury, Connecticut 50202
Attention Line: Attention Dean Claude Monet
Salutation: Gentlemen and Ladies
Subject Line: Educational Exchange
Body:

    The Commission for Educational Exchange between the United States and Belgium has advised me to contact you in order to obtain employment assistance.

    I received my Doctor's Degree with a "grande distinction" from the University of Brussels and would like to teach French (my native language), English, Dutch, or German.

    My special field is English literature; I wrote my dissertation on James Joyce, but I am also qualified to teach languages to business students. I have been active in the field of applied linguistics for the past two years at the University of Brussels.

    I look forward to hearing from you.

Complimentary Closing: Respectfully yours
Signer's Identification: Jacqueline Brauer
Reference Initials: JB:db

Cartas de solicitação

Na área comercial, você inevitavelmente precisará escrever muitas cartas de solicitação. Em quase todos os tipos de negócio, a cada dia é maior a necessidade de conseguir informações ou favores, serviços ou produtos especiais. Há vários motivos para escrever uma carta de solicitação:

1. obter informações (como preços ou especificações técnicas);

2. receber impressos (como libretos, catálogos, listas de preços e informes);

3. receber amostras de produtos;

4. pedir produtos;

5. contratar serviços (como de conserto e manutenção);

6. fazer reservas (em hotéis, restaurantes, teatros);

7. pedir favores especiais (como autorização, assistência ou conselhos).

Como certos pedidos são rotineiros – os de produtos, por exemplo –, os princípios gerais para escrever cartas comerciais adquirem uma importância especial ao escrever qualquer tipo de solicitação. É fundamental ter tato e educação quando você pretende que o leitor *tome uma atitude*. Se você quer que o destinatário faça alguma coisa *rápido*, sua carta deve levá-lo a isso. Desse modo, todas as solicitações devem:

1. ser diretas e curtas;

2. ser sensatas;

3. conter informações completas e precisas.

Consultas

A consulta não costuma representar nenhuma vantagem imediata ao destinatário, mas sim a perspectiva de obter ou manter um cliente. Por isso, deve ser escrita de modo que o destinatário dê uma resposta, apesar de não dispor de tempo, ou seja, precisa *facilitar a resposta*.

Em primeiro lugar, saiba exatamente o que deseja, *antes* de escrever. Isso inclui a informação de que você necessita e também o que você quer que o destinatário faça. Veja esta solicitação:

EXEMPLO

> Dear Sir or Madam:
>
> Please send us information about your office copiers so that we will know whether one would be suited to our type of business.
>
> Yours truly,

O leitor dessa carta não saberia que resposta dar. Poderia simplesmente responder com um folheto ou um catálogo, mas não explicar as vantagens das máquinas que ele vende, pois não saberia o que a sua empresa espera. Você *não* facilitou a resposta dele.

Uma consulta desse tipo deveria conter perguntas precisas para receber respostas precisas. Já que uma fábrica de máquinas copiadoras pode fazer dezenas de modelos, a consulta deveria concentrar-se no tipo que merece uma avaliação da sua empresa.

Note como a versão revista da carta (modelo 3-1) facilita a resposta do destinatário. Você deu uma boa idéia do que deseja, de modo que ele pode indicar uma máquina que lhe interesse. Além do mais, ao mencionar o MOTIVO da consulta, você apressa a resposta. (O fato de você estar in-

MM Mahoney and Millman, Inc.

1951 Benson Street, Bronx, New York 10465

May 2, 2000

RBM Manufacturing Company, Inc.
4022 Ninth Avenue
New York, New York 10055

Dear Sir or Madam:

We intend to purchase a new office copier before the end of the fiscal year. We would like to consider an RBM copier and wonder if you have a model that would suit our needs.

Our office is small, and a copier would generally be used by only three secretaries. We run approximately 3,000 copies a month and prefer a machine that uses regular paper. We would like a collator, but rarely need to run off more than 25 copies at any one time.

We would also like to know about your warranty and repair service.

Since our fiscal year ends June 30, 2000, we hope to hear from you soon.

Sincerely yours,

William Wilson
Office Manager

WW/sw

teressado em comprar significa uma venda potencial para a RBM.) Enfim, ao dizer ao destinatário QUANDO você pretende comprar, você o leva a responder rapidamente.

Quando uma solicitação *não* implica a possibilidade de venda, você deve facilitar ainda mais a resposta à carta:

1 • Relacione em tópicos as informações que você quer.

2 • Envie junto um envelope de resposta endereçado e selado.

3 • Sugira uma forma de retribuir.

EXEMPLO

> Dear Mr. Greenbaum:
>
> I am taking a course in Principles of Advertising at Smithville Community College in Smithville, Ohio, and am doing my term project on the ways in which American automobile manufacturers have been competing in the small-car market.
>
> I would therefore greatly appreciate your sending me the following specifications on the new RX-7:
>
> 1. Fuel economy statistics.
>
> 2. Technological advances (such as steering system, brake system, and engine capacity).
>
> 3. Available options.
>
> I would also find it very helpful if you told me in which magazine (or other mass media) you began your advertising campaign.
>
> I am certain my classmates will find this information extremely interesting. I will be sure to send you a copy of my report as soon as it is complete.
>
> Respectfully yours,

Pedidos

Muitas empresas usam formulários especiais para pedir produtos ou serviços. Podem usar um formulário próprio, chamado *pedido de compra*, ou um fornecido pelo vendedor, chamado *impresso para encomendas*. Esses impressos têm espaços em branco para que sejam fornecidas todas as informações necessárias. A vantagem deles é permitir à empresa quantificar e acompanhar todos os gastos.

Mesmo assim, às vezes o pedido precisa ser feito por meio de carta. Nesse caso, certifique-se de prestar INFORMAÇÕES COMPLETAS E PRECISAS, porque os pedidos incompletos provocam atraso na entrega, e a imprecisão nos dados pode implicar a entrega de mercadoria errada.

Todo pedido deve incluir:

1 • o nome do produto desejado;

2 • o número do produto (número de catálogo, número de série, número do modelo etc.);

3 • a quantidade desejada (geralmente em dúzias, caixas, resmas etc.);

4 • a descrição (como tamanho, peso, cor, material, acabamento, características adicionais);

5 • o preço unitário;

6 • os descontos cabíveis;

7 • os impostos aplicáveis sobre a venda;

8 • o preço total;

9 • a forma de pagamento (como conta para cobrança, incluindo o número da conta, pagamento contra entrega, cheque etc.);

10 • a data de entrega;

11 • a forma de envio (como encomenda postal ou entrega expressa);

12 • o endereço de entrega (que pode ser diferente do endereço de cobrança);

13 • a assinatura autorizada.

Além disso, se o seu pedido tiver sido motivado por uma propaganda, você deve mencionar a fonte (como o título e a data de edição da revista ou do jornal).

A carta a seguir provocaria problemas:

Exemplo

> Dear Sirs:
>
> Please send me one of your weather vanes that I saw advertised for $34.95. We have recently repainted our garage, and a weather vane would be a wonderful finishing touch.
>
> My check is enclosed.
>
> Sincerely,

Em primeiro lugar, o responsável pelos pedidos não saberia o que enviar a esse cliente, a não ser que a empresa fabricasse apenas um tipo de cata-vento por $34.95. Além do mais, em vez de fornecer as INFORMAÇÕES NECESSÁRIAS, o redator da carta colocou detalhes desnecessários. Em geral, NÃO É NECESSÁRIO MENCIONAR O MOTIVO DO PEDIDO. Os pedidos são rotineiros e costumam ser recebidos em grande quantidade. Desde que você pague por ele, o motivo da compra não interessa ao vendedor.

Enquanto a carta anterior exige uma carta de esclarecimento antes de o pedido ser despachado, a carta do modelo 3-2 resulta em entrega imediata.

MODELO 3-2 Pedido

>
> 250 Commonwealth Avenue
> Boston, Massachusetts 02118
> February 14, 2000
>
> Cape Cod Ornaments, Inc.
> 94 State Road
> West Yarmouth, Massachusetts 02757
>
> Dear Madam or Sir:
>
> I have seen your ad in the Boston <u>Globe</u> of Sunday, February 12, and would like to order the following weather vane:
>
> > Model EPC-18" eagle with arrow, copper, $34.95.
>
> I would like the weather vane sent to the above address by parcel post and charged, with any applicable sales tax and handling costs, to my VISA account (number 003 0971 A109; expiration date, 3/99).
>
> > Yours truly,

CORRESPONDÊNCIA NA PRÁTICA

Para cada uma das atividades a seguir, elabore uma carta de solicitação usando a formatação e a pontuação adequadas.

a. Você é responsável pela programação da Harrisburg Civic Association. Escreva uma carta à prefeita de Harrisburg, Margareth Belmont, perguntando se ela gostaria de comparecer a uma reunião da associação e dar uma palestra sobre assunto de interesse geral. As reuniões são feitas na segunda quarta-feira do mês, às 19h30, no auditório do centro comunitário. Os palestrantes anteriores foram pessoas como Raymond Delacorte, presidente da Grand Northern Motels, Inc., que falou sobre

"Crescimento do Turismo em Harrisburg", e o especialista em tributação Gregory Lardas, que deu a palestra "Imposto sobre a Propriedade: Vantagem ou Fardo?" Você pode explicar que costumam comparecer à reunião cerca de 75 pessoas com interesses comunitários e que o tempo reservado para a palestra é geralmente de uma hora.

b. Como assistente de compras da Fenway's Toy Store, 1704 North Broadway, Richmond, Virginia 23261, escreva uma carta à Marco Toy Company, Inc., 223 Sunrise Highway, Glen Cove, New York 11566 para pedir duas dúzias de bonecas Jenny (por $10 cada uma), uma dúzia de conjuntos de vestidos (por $15 cada um) e três dúzias de ursinhos Tootsie-Wootsie (por $7 cada um). Você gostaria de receber os produtos a tempo para as vendas de Natal. Quer que o valor seja lançado em sua conta e que a encomenda seja expedida por via aérea. Se a Marco tiver algum mostruário especial de Natal para seus produtos, você também gostaria de recebê-lo.

c. Como subgerente financeiro, é sua responsabilidade relatar aos supervisores as medidas de economia de impostos adotadas no fim do ano pela empresa. Escreva uma carta para Wilda Stewart (Stewart and Stewart CPA's, 466 Main Street, Eugene, Oregon 84403), contadora que você conheceu recentemente em um seminário sobre a nova legislação tributária federal. Peça a ela informações para o seu relatório, como indicadores de receitas postergadas, deduções e também gastos em final de ano fiscal.

d. Responda ao seguinte anúncio publicado na edição atual do *Semanário dos Escriturários*:

> ### COPY KWIK COPYSTAND
>
> America's most widely used copystand: Functional, good-looking ... saves precious desk space ... relieves neck and eye strain ... attaches easily to any computer monitor ... comes with copy clip and magnetic line guide. One-year warranty. $24 plus $2.95 postage and handling (New Jersey residents please add appropriate sales tax). CKC, Inc., 2019 Logan Street, Paramus, New Jersey 70622.

e. Você é supervisor de vendas da Am-Lux Company, Inc., 529 Eaton Avenue, Bethlehem, Pennsylvania 18115. Você leu recentemente um artigo de Louisa Sanchez intitulado "From Lead to Deal: Ten Over-Looked Steps to Closure", na revista *High Commission*. Você acha que seria bom os vinte e cinco vendedores do seu departamento lerem o artigo. Escreva uma carta à sra. Sanchez, aos cuidados da *High Commission*, 705 Tenth Avenue, New York, New York, 10077, pedindo autorização para fazer vinte e cinco cópias do artigo dela para circulação apenas dentro da sua empresa.

4 Respostas

Boa parte do trabalho das empresas com correspondência se refere às RESPOSTAS. A capacidade de formular uma resposta adequada é, portanto, valiosa e disputada.

As cartas de resposta inserem-se em várias categorias, entre elas:

1 • notificações

2 • complementações

3 • confirmações

4 • remessas

5 • confirmações de pedido

6 • cartas preliminares

7 • respostas a consultas

8 • encaminhamentos

9 • recusas

Muitas empresas utilizam impressos para certos tipos de resposta, como confirmação de pedido. Entretanto, uma resposta é quase sempre uma ótima oportunidade de venda, e uma carta pessoal, com palavras bem estudadas, pode resultar em lucro ou em um novo cliente.

Assim como a solicitação, a resposta deve ser *específica* e *completa*. Porém, a resposta não precisa ser curta. Na verdade, pelo fato de a resposta precisar ser *útil* e também *visar a venda*, é quase impossível ser breve.

Por outro lado, é essencial que a resposta seja *imediata*. Ao pôr em prática o recurso de falar diretamente com o destinatário, essa rapidez pode ser ressaltada:

EXEMPLO

> Dear Mr. Mechanic:
>
> I received your letter this morning and wanted to be sure you would have our current price list before the end of the week...

Sem que você se vanglorie, uma abertura assim faz o leitor saber que você *está interessado* e quer ser *útil*. Sempre que possível, a resposta deve ir além da solicitação que a motivou. Um pouco mais de informação e colaboração espontânea pode transformar um simples curioso em cliente fiel.

Notificações

A notificação (modelo 4-1) deve ser escrita quando você recebe mercadoria, material, dinheiro ou informação. Esse tipo de carta é uma cortesia, para que o destinatário saiba que a correspondência ou a remessa dele foi entregue. Quando o que se recebeu não foi um pedido, a notificação de recebimento pode servir também como uma carta de agradecimento.

Complementações

Depois de tomada uma decisão ou fechado um acordo, seja em uma reunião, seja em uma conversa, é prudente enviar uma carta complementar (modelo 4-2) para registrar o entendimento por escrito.

Markham's Cards and Gifts

400 Paseo de Peralta, Santa Fe, New Mexico 87501

October 23, 2000

Mr. Herbert Benjamin
Sales Representative
Newmart Cards, Inc.
399 North Canon Drive
Beverly Hills, California 90210

Dear Mr. Benjamin:

Thank you for arranging for us to receive our Christmas card displays a bit early this year. We installed them as soon as they arrived on Monday, and we've already sold out two lines!

The two months between now and Christmas seem destined to be busy ones, and I suspect you'll be hearing from us again soon.

Best wishes,

Hedy Rosen
Assistant Buyer

MODELO 4-2 Carta complementar

The Committee to Keep Minnesota Green

24 North Main Street, Blackduck, Minnesota 56630

June 3, 2000

Ms. Christine Solars
Solars, Solars, and Wright
62 Onigum Road
Walker, Minnesota 56484

Dear Ms. Solars:

We are pleased that you will be participating in the Ecology Colloquium sponsored by The Committee to Keep Minnesota Green. As we discussed in our telephone conversation this morning, the Colloquium will take place on June 29 in the convention room at the Blackduck Inn.

The Colloquium will begin with the keynote address at 10:30 A.M. At 11:00, you will join our other guests of honor in a debate on the topic, "The Cost of Conservation: Public or Private Responsibilities?" Following the debate, luncheon will be served in the main dining room, where you will, of course, be a guest of the Committee.

Along with the other members of the Committee, I am looking forward to our meeting on the 29th.

Sincerely yours,

Confirmações

Se as cartas de confirmação são rotineiras em ramos do comércio como hotéis e agências de viagem, outros profissionais também têm um bom motivo para usá-las. Os médicos e os técnicos, por exemplo, podem poupar tempo entrando em contato com pacientes e clientes alguns dias antes do compromisso. Costuma-se fazer essas confirmações por telefone, mas uma carta padrão ou um cartão-resposta também dão uma informação *clara*, *correta* e *completa*, especialmente quando o tipo de atividade acarreta grande quantidade de confirmações. Quase sempre, no entanto, uma carta escrita diretamente ao interessado, usando um toque pessoal como no modelo 4-3, pode fazer um cliente tornar-se *assíduo*.

Remessas

As empresas costumam exigir que a fatura, ou parte dela, seja paga no momento da entrega. Quando isso não ocorre, é necessário enviar o pagamento por correio com uma carta esclarecendo a que se refere o seu cheque. Essa carta deve conter todas as informações sobre o seu pedido, para que o valor seja creditado em sua conta: informe o número da conta, o número da fatura e o valor do cheque. NÃO forneça informações desnecessárias que possam confundir o funcionário responsável pela conta. Os comentários que não tenham relação direta com a remessa devem ficar para outra carta.

EXEMPLO

Dear Gentlemen and Ladies:

The enclosed check for $312,68 is in payment of invoice n? 10463.

Please credit my account (n? 663-711-M).

Yours truly,

MODELO 4-3 Confirmação

The Barclay

5500 South 96th Street, Omaha, Nebraska 68127

August 10, 2000

Mr. Albert Durrell
2233 Connecticut Avenue, N.W.
Washington, D.C. 20008

Dear Mr. Durrell:

This letter will confirm your reservation for a single room with bath for August 24-27. Your room will be available after 2 P.M. on the 24th.

Since you will be arriving in Omaha by plane, you may want to take advantage of The Barclay's Shuttle. Our limousine departs from the domestic terminal every hour on the half hour, and the service is free for guests of the hotel.

Cordially yours,

Confirmação de pedido

Muitas empresas já não costumam confirmar os pedidos, principalmente quando ele é remetido em seguida. Algumas respondem ao pedido enviando imediatamente a fatura, e outras usam o meio-termo de enviar impressos de confirmação. Mas, seja qual for o modo adotado, a confirmação contribui para a boa imagem da empresa, ao tranqüilizar o cliente sobre o recebimento do pedido.

O primeiro pedido DEVE ser respondido, para que o cliente se sinta bem recebido e incentivado a fazer outros negócios (modelo 4-4). Da mesma maneira, um grande pedido de um cliente assíduo merece um agradecimento.

Qualquer confirmação de pedido, em quaisquer circunstâncias, deve conter informações precisas, deixando o comprador ciente do que está sendo feito. Assim, é preciso:

1 • mencionar a data do pedido;

2 • incluir o pedido ou o número da fatura;

3 • informar a data e o tipo de remessa;

4 • reiterar o modo de pagamento.

Naturalmente, todas as confirmações de pedido devem também conter um agradecimento e reafirmar que ele será atendido.

A confirmação quase sempre proporciona uma nova oportunidade de venda. Em primeiro lugar, se um vendedor influenciou o pedido, o nome dele deve aparecer em algum ponto da carta. Mas, além disso, a carta também pode conter a descrição da mercadoria, a fim de elogiar a boa compra que o cliente fez. Pode-se ainda mencionar outros produtos correlatos, para despertar o interesse do cliente e motivar outros pedidos.

MODELO 4-4 Confirmação de pedido

PAYTON'S PLASTICS, INC.

1313 Spruce Street
Philadelphia, PA 17512

September 16, 2000

Ms. Cybel Megan
FRAMES-BY-YOU
126 Walnut Street
Philadelphia, PA 17503

Dear Ms. Megan:

We are pleased to have received your order of September 15 and would like to welcome you as a new customer of Payton's Plastics.

Your order (No. 6297) for one dozen 4' x 5' sheets of 1/8" Lucite is being processed and will be ready for shipment on September 21. It will be delivered to your workshop by our own van, and payment will be c.o.d. (our policy for all orders under $100).

We are sure you will appreciate the clear finish and tensile strength of our entire line of plastics. Ms. Julie Methel, your sales representative, will call on you with a catalog and samples.

Cordially,

PAYTON'S PLASTICS, INC.

Howard Roberts
Customer Relations

Como nem todos os pedidos podem ser atendidos prontamente e com facilidade, há situações em que o funcionário precisa enviar mais do que uma simples confirmação.

Por exemplo, nem sempre os clientes são capazes de apresentar pedidos precisos. Quando se omite uma informação essencial, o pedido fica à espera, enquanto se envia uma carta diplomática. Ainda que a falha, nesse caso, seja do cliente, a carta não deve responsabilizá-lo nem demonstrar ansiedade. Na verdade, a ansiedade do próprio cliente deve ser atenuada com um tom positivo e amistoso. Em uma carta desse tipo, é bom fazer um pouco de publicidade, lembrando o cliente da vantagem do pedido.

Exemplo

> Dear Mr. Hassan:
>
> Thank you for your order of October 22 for 6 rolls of black nylon webbing. We are eager to deliver Order 129 to your store as soon as possible.
>
> But first, please let us know whether you'd like the webbing in 1-, 1⅓-, or 2½-inch widths. If you note your preference on the bottom of this letter and mail it back to us today, we can have your order ready by the beginning of next week.
>
> Olsen's Upholstery products are among the finest made, and we're sure you'd like to receive your purchase without further delay.
>
> Sincerely yours,

Às vezes, o *atraso na entrega* é causado pelo vendedor, e não pelo comprador – situação delicada que requer uma carta cautelosa (modelo 4-5). Quando o pedido não pode ser atendido prontamente, o cliente tem o direito de receber uma explicação. Deve-se garantir que o atraso é inevitável e que tudo está sendo feito para apressar a entrega.

Uma carta desse tipo precisa adotar o ponto de vista do cliente. Deve afirmar que você compreende o desapontamento dele e pedir desculpas pelo contratempo. Ao mesmo tempo, a carta deve evitar um tom negativo e não só ressaltar que vale a pena esperar pela encomenda, mas também pressupor que o cliente está disposto a esperar. O modelo 4-5 pode ser usado com vários clientes, mas soa como se fosse dirigido a um cliente único.

Quando se pode fazer uma *remessa parcial*, o cliente deve ser informado de que alguns itens estão *pendentes*. Mais uma vez, a carta deve pressupor que o cliente está disposto a esperar. Deve também tentar "revender" a mercadoria reafirmando suas vantagens, sem enfatizar os itens pendentes (veja o modelo 4-6).

Quando não é possível atender a um pedido nem mesmo parcialmente, cabe enviar uma carta sugerindo um *pedido substituto* (modelo 4-7). O produto oferecido precisa, é claro, ser comparável ao do pedido original, e a sugestão deve ser feita não com a intenção de preservar a venda, mas de colaborar com o cliente. A carta deve conter a promoção do produto oferecido, mas deve enfatizar a necessidade do cliente. Obviamente, a carta precisa também explicar por que o pedido original não pôde ser atendido.

Cartas preliminares

Quando é necessário adiar uma resposta precisa, deve-se pelo menos avisar que a carta foi recebida. Essas cartas de notificação chamam-se CARTAS PRELIMINARES. Fazem o cliente saber que sua consulta não foi ignorada e será respondida o mais rápido possível.

American Electric Company, Inc.

1066 Third Avenue
New York, New York 10081

August 10, 2000

Dear

Requests for our pamphlet, "10 Points to Consider When Buying Home Video Equipment," have been overwhelming. As a result, we are temporarily out of copies.

Nevertheless, the new printing is presently being prepared, and I have added your name to the mailing list to receive a copy as soon as it is available.

In the meantime, you may find an article by Professor Leonard Mack, of the Pennsylvania Institute of Technology, to be of some help. The article, entitled "The Latest Crop of Home Video Centers," will appear in the September issue of Consumer Digest.

Sincerely,

MODELO 4-6 Entrega parcial

Silver Imports, Ltd.

609 San Anselmo Avenue
San Anselmo, California 94960

March 4, 2000

Ms. Bonnie Corum
Bonnie's Baubles
4091 West Ninth Street
Winston-Salem, North Carolina 27102

Dear Ms. Corum:

Thank you for your recent order, number 622. We are always especially delighted to serve an old friend.

Your six pairs of Chinese Knot earrings (item 15b) and one dozen Primrose pendants (item 8a) have been shipped by United Parcel and should arrive at your boutique within the week.

Unfortunately, our stock of cloisonné bangle bracelets (item 9d) has been depleted because of a delay in shipments from China. Our craftsmen have been at great pains to keep up with the demand for these intricate and finely wrought bracelets. We have put your one dozen bracelets on back order and hope to have them on their way to you before the end of the month.

Very truly yours,

Chun Lee Ng
Manager

Books-By-Mail

P.O. Box 799
Dallas, Texas 75220

April 10, 2000

Mrs. Donna Phillips
RFD 2
Crosby, Texas 77532

Dear Mrs. Phillips:

Thank you for ordering Indra Madhur's outstanding book, An Introduction to Indian Cooking. As you know, in the fifteen years since its first publication, Mr. Madhur's book has become a classic and a standard for great cooks everywhere.

Sadly, An Introduction is no longer in print, and I am returning your check for $15.95. But to satisfy your interest in Indian cuisine, I would like to suggest an alternative, Purnamattie Jaffre's Indian Gourmet. Ms. Jaffre was a student of Mr. Madhur, and her recently published volume has been widely hailed by both food and cookbook critics.

If you would like a copy of Indian Gourmet, which costs only $13.95, please let me know, and I will immediately send it to you.

Cordially,

David Ewing
Order Department

Assim como a carta sobre o atraso em uma remessa, a carta preliminar serve para informar o cliente de que é preciso mais tempo para atender ao seu pedido. Talvez a informação ou a mercadoria solicitada, por exemplo, não estejam disponíveis. Ou talvez sua empresa exija que o pedido seja respondido por outros canais. As solicitações de crédito e as reivindicações de seguro, por exemplo, levam tempo para ser processadas e, assim, costumam ser respondidas imediatamente com uma notificação preliminar.

A carta preliminar também se torna necessária quando um superior está em viagem. É preciso garantir ao remetente que a carta dele será entregue ao chefe assim que ele voltar. Você deve ter o cuidado de NÃO comprometer seu superior com nenhuma solução, nem explicar o motivo da ausência dele.

EXEMPLO

Dear Reverend Hollingsworth:

Your request to meet with Rabbi Tucker to discuss his participating in an interfaith symposium on world peace arrived this morning. However, Rabbi Tucker is out of town and is not expected back before the 15th.

I will be sure to inform Rabbi Tucker of the planned symposium as soon as he returns.

Yours truly,

Respostas a consultas

Todas as consultas devem ser respondidas, mesmo aquelas que, por algum motivo, não o possam ser inteiramente. Qualquer consulta significa interesse em sua empresa e um cliente potencial. A resposta à consulta deve não apenas visar o aumento do interesse, mas incentivar o remetente a agir.

A&M Sewing Supplies, Inc.

40-04 Summit Avenue, Fairlawn, NJ 07662

June 2, 2000

Mr. Samuel Long
Maxine Sportswear Manufacturing Co., Inc.
842 Seventh Avenue
New York, New York 10018

Dear Mr. Long:

Thank you for your interest in A & M equipment. We are happy to supply you with the information you requested.

The following prices are quoted per dozen. Individual units are slightly higher:

Item	1 Dozen @:
A-1 Garment Turner	$180.00
A-1 Automatic Winder	90.00
Ace Thread Trimmer	120.00
No-Slip Feed Puller	132.00

In case you have any further questions, Mr. Long, please do not hesitate to call. I can be reached between 8:30 A.M. and 6:00 P.M. at (201) 881-9412.

Sincerely yours,

Geralmente, a resposta à consulta começa com um agradecimento ao remetente, ressaltando o interesse dele na empresa. Como no modelo 4-8, deve terminar oferecendo mais assistência – mas SOMENTE se você realmente quer receber novas consultas dessa pessoa.

A resposta à consulta geralmente consiste em *informação*. Você deve incluir não apenas as informações específicas que o remetente solicitou, mas também quaisquer outras que possam ajudá-lo. (Isso, é claro, no caso de a consulta ou o pedido ter sido razoável.) Se você não conseguir fornecer de imediato todos os dados relevantes, garanta que o fará.

Se você não puder fornecer a informação solicitada (como no modelo 4-9) por ser confidencial, isso deve ser explicado na carta. No entanto, tenha cautela para dar uma explicação educada, evitando acusar o remetente de tentar obter informações que não lhe cabe saber. Pressuponha que a consulta não tinha segundas intenções e tente manter a boa imagem.

Às vezes, um pedido de informações sobre os produtos ou os serviços de uma empresa pode ser respondido com um folheto ou um catálogo. Esse material, no entanto, deve sempre ser acompanhado de uma carta pessoal. Você deve não só explicar por que mandou o folheto e motivar o interesse do leitor por ele, como também chamar a atenção para detalhes do folheto e tentar promover a venda.

Uma boa iniciativa do fabricante, ainda mais daquele que não vende diretamente ao consumidor final, é distribuir cópias da consulta e da resposta aos revendedores, que poderão tentar fazer a venda.

EXEMPLO

Dear Mr. Godonov:

Thank you for your request for information about the Teaneck Tennis Center. One of New Jersey's

Maxine Sportswear Manufacturing Co., Inc.

842 Seventh Avenue, New York, NY 10018

June 10, 2000

Mrs. Sharon Tong
693 Pelham Parkway
Bronx, New York 10422

Dear Mrs. Tong:

We certainly appreciate your interest in Maxine Sportswear. Nevertheless, I am afraid I cannot supply you with the information you request.

Because we do not sell our garments directly to the consumer, we try to keep our wholesale prices between ourselves and our dealers. It is our way of meriting both the loyalty and good faith of those with whom we do business. Clearly, divulging our wholesale prices to a consumer would be a violation of a trust.

However, I have enclosed for your reference a list of our dealers in the Bronx and Manhattan. A number of these dealers sell Maxine Sportswear at discount.

Very truly yours,

newest facilities, we are a full-service tennis club just 15 minutes from Manhattan.

The enclosed brochure describes our special features, including championship-size courts and professional instruction. You may find the section on our Businessperson's Special of particular interest.

If you drop by Teaneck Tennis any time between 7 A.M. and 10 P.M., we would be delighted to give you a personal tour of the Center – at no obligation of course.

Cordially yours,

Encaminhamentos

É comum receber consultas que podem ser mais bem respondidas por outra pessoa. Nesse caso, o remetente deve ser informado de que a consulta foi passada adiante.

A carta avisando do encaminhamento deve *notificar o recebimento* da consulta e *explicar* por que e para quem ela está sendo encaminhada. Por outro lado, você pode achar mais eficaz informar ao remetente a fonte de informação correta e para onde escrever.

Mais uma vez, o fabricante deve ter um cuidado especial em manter o interesse do remetente, mesmo que o encaminhe a um revendedor. As cartas de encaminhamento devem incluir o endereço de um revendedor local ou uma lista de revendedores na região. Além disso, o remetente *nunca* deve ser punido por ignorar o intermediário; ao contrário, deve ser educadamente encaminhado à fonte adequada.

Exemplo

Dear Mrs. Simpson:

Your request for information regarding marriage counselors in your community can best be answered by the Board of Community Services.

> I am therefore referring your letter to Mr. Orlando Ortiz at the Whitestone Community Board. He will, I am sure, be in touch with you soon.
>
> Yours truly,

Recusas

Muitas vezes o funcionário de uma empresa tem de dizer não. Ao fazer um favor, aceitar um contrato, empregar um candidato ou tomar qualquer decisão, dizer sim a uma pessoa significa dizer não a outra. O segredo, porém, é dizer não polidamente. Aqui, como na maior parte da correspondência, é extremamente importante manter o prestígio.

Ao dizer não, você nunca deve realmente dizer *não*. Sua carta precisa ser o mais positiva possível. A recusa em si deve ser dada uma única vez e rapidamente. O restante da carta deve levar o leitor em consideração e ser bastante amistoso.

Seja qual for o pedido, o leitor merece uma explicação da recusa. Seus motivos devem basear-se em fatos, não em sentimentos, embora seja sempre conveniente apelar ao bom senso e ao conhecimento comercial do leitor (veja o modelo 4-10). NUNCA transforme o leitor em motivo da sua recusa.

Raramente se deseja com uma recusa romper todas as relações comerciais. Por isso, tenha o cuidado de dar um "final aberto" à sua carta. Manifeste apreço pelo pedido mesmo que ele esteja sendo recusado e, se for possível, sugira uma alternativa. Uma recusa do tipo "não desta vez" mantém a possibilidade de futuros negócios.

AGNES CAFIERO, M.D. California Institute of Psychiatry

629 Seventh Avenue
San Francisco, California 94120

September 1, 2000

The Honorable Nelson McKenzie
The State Capitol Building
Sacramento, California 91400

Dear Mr. McKenzie:

Thank you for your recent request for my endorsement of your campaign for United States Senator. I am honored that you believe my name could be of value to you.

My professional policy, however, is to refrain from public endorsements. In my practice, I treat patients of all political parties, and I strongly believe that it is in their best interest that I maintain a nonpartisan position.

Privately, of course, I allow myself more leeway. I have always been impressed by your stand on the issues, particularly your support for national health insurance. I wish you all the best in your campaign and am enclosing a personal contribution of $100.

Sincerely yours,

Agnes Cafiero, M.D.

CORRESPONDÊNCIA NA PRÁTICA

Elabore uma carta de resposta para cada uma das situações a seguir.

a. Você é funcionário da seção de expedição da Kinbote Products, Inc., 200 Southeast Fourth Street, Miami, Florida 33131. Escreva uma carta confirmando o recebimento do seguinte pedido de Ellen Minsky, responsável de compras da Gold's Specialty Shops, 3636 West Grace Street, Tampa, Florida 33607.

Dear Gentlemen and Ladies:

Please send me two dozen exercise suits (Style L-29) in the following assortment of sizes and colors:

Vanilla-3 petite, 3 small, 4 medium, 2 large
Chocolate-2 petite, 4 small, 4 medium, 2 large

Charge my account (882GSS) for the wholesale price of $35 per suit.

I would like the order shipped air express and would appreciate your letting me know how soon I may expect delivery.

Yours truly,

b. Cornell Peal, vice-presidente da General Communications Corporation, 600 North Milwaukee Street, Milwaukee, Wisconsin 53202, viajou para uma reunião de quatro dias com os diretores regionais da companhia. Na função de secretário administrativo dele, mande uma carta preliminar em resposta ao pedido da professora Anne Boleyn, do Department of Media and Communications, University of Wisconsin, Menomonie, Wisconsin 54751.

Dear Mr. Peal:

Last month, I telephoned your office to invite you to give a guest lecture to my graduate seminar in teletronics. You said you would be pleased to give such a lecture but asked that I contact you again, in writing, later in the semester.

If you are still interested in visiting the class, I would very much like to set a date for the lecture. The class meets on Tuesdays from 4:30 to 6:00 P.M. and runs for six more weeks.

I would appreciate your letting me know as soon as possible which Tuesday would be most convenient for you.

Sincerely yours,

c. Você acabou de organizar uma reunião de almoço para o seu chefe, Sook Chang, arquiteto da Fulson Contractors, Inc., 4444 Western Avenue, Boulder, Colorado 80301. O compromisso é com um provável cliente, Justin Michaels, 622 Garth Street, Boulder, Colorado 80321. Escreva uma carta ao sr. Michaels para confirmar a data do almoço, que será realizado na Trattoria di Marco, na esquina da Tenth Street and Western Avenue, em 7 de abril, às 13 horas.

d. Você é funcionário da Lawsen Linen Company, P.O. Box 762, Bloomfield, New Jersey 07003. Escreva uma carta à sra. Marianne Rollins, 444 Ross Avenue, Caldwell, New Jersey 07006, explicando o atraso na entrega de um jogo de lençóis e fronhas Floral "Queen-Size". Por causa de uma greve na fábrica, todos os pedidos foram retidos, mas assegure a ela que as negociações estão progredindo e o acordo deve ser fechado logo. Convença-a a esperar e não cancelar o pedido.

e. Arthur Edwards, dono da Edwards Drug Store, 1540 Peachtree Street, N.E., Atlanta, Georgia 30309, é há sete anos cliente da Southern Cosmetics Company, 2109 Lenox Road, N.E., Atlanta, Georgia 30326. Por ter apresentado um pedido maior que o de costume, o sr. Edwards pediu um desconto especial. Como representante na Southern Cosmetics Company, escreva uma carta ao sr. Edwards recusando o desconto.

5 Cartas de crédito e cobrança

Cartas de crédito

Ter crédito significa comprar e receber mercadorias sem pagar à vista. A compra a prazo permite ao comprador adquirir os produtos desejados mesmo sem ter dinheiro disponível. A concessão de crédito a pessoas e empresas pode aumentar o volume de vendas de uma empresa. Assim, a compra e a venda a crédito tornaram-se uma prática de comércio comum e essencial.

Claro que, antes de conceder o crédito, a empresa precisa ter uma boa dose de segurança da estabilidade financeira do cliente e de sua capacidade e vontade de pagar. Verifica-se isso pela troca de informações cadastrais do cliente. A correspondência sobre crédito envolve cinco tipos de carta:

1 • Pedidos de crédito

2 • Consultas sobre a capacidade de crédito

3 • Respostas sobre a capacidade de crédito

4 • Cartas de concessão de crédito

5 • Cartas de recusa de crédito

Pedidos

Os pedidos de abertura de conta de débito que os consumidores solicitam a certas empresas, como lojas de departamentos e companhias petrolíferas, são geralmente feitos por meio do preenchimento de um impresso. Normalmente, esse impresso tem espaços para o endereço residencial e comercial, referências bancárias e número de contas, uma relação de outras contas de débito e, talvez, uma lista de referências.

Os pedidos de conta comercial mais freqüentes são feitos por carta (modelo 5-1). Uma nova empresa, por exemplo, pode desejar apresentar um primeiro pedido a um fornecedor ou fabricante e criar uma linha de crédito ou conta ativa. Esse tipo de carta deve conter referências de crédito (como bancos e outras empresas que concedam crédito).

Consultas de crédito

As lojas de departamentos geralmente confiam os pedidos de crédito a uma *financeira*. Essas empresas mantêm um cadastro das pessoas e das empresas formado pela investigação de seu histórico e de suas referências de crédito. Quando reconhecem a *idoneidade financeira* do candidato (quer dizer, reputação de estabilidade financeira), elas lhe dão um *conceito de crédito* (a avaliação da financeira sobre o grau de idoneidade). Com base nesse conceito, a loja decide conceder ou não o crédito ao candidato.

Ao verificar a idoneidade financeira comercial, a empresa pode entrar em contato com as referências fornecidas. A carta de consulta de crédito (veja o modelo 5-2) deve conter todas as informações sobre o candidato e garantir ao consultado que toda a informação será mantida em sigilo. A inclusão de um envelope de resposta é uma boa medida.

Respostas a pedido de crédito

As empresas que recebem grande quantidade de consultas sobre crédito costumam usar um impresso próprio para responder. Dessa maneira, conseguem ficar a par das informações fornecidas e, especialmente, restringi-las a

MODELO 5-1 Pedido de crédito

Kretchmer's Appliance Store

1135 State Street, Chicago, Illinois 60688

February 3, 2000

Standard Electric Corporation
2120 Oak Terrace
Lake Bluff, Illinois 60044

Dear Madam or Sir:

Enclosed is our purchase order 121 for 6 four-slice toasters, model 18E.

We would like to place this order on open account according to your regular terms. Our store has been opened for two months, and you may check our credit rating with Ms. Keisha Sawyer, branch manager of the First Bank of Chicago, 1160 State Street, Chicago, Illinois 60688.

You may also check our credit standing with the following companies:

   The Kenso Clock Company, 150 Ottawa, N.W., Grand Rapids, Michigan 49503

   National Kitchen Products, Inc., 55 East Main Street, Round Lake Park, Illinois 60733

   Eastern Electric Corporation, 750 East 58 Street, Chicago, Illinois 60637

Please let us know your decision regarding our credit as well as an approximate delivery date for our first order.

Sincerely yours,

Bruce Kretchmer

MODELO 5-2 Consulta de crédito

Standard Electric Corporation

2120 Oak Terrace
Lake Bluff, Illinois 60044

February 7, 2000

Ms. Keisha Sawyer
Branch Manager
The First Bank of Chicago
1160 State Street
Chicago, Illinois 60688

Dear Ms. Sawyer:

Kretchmer's Appliance Store, 1135 State Street, Chicago, has placed an order with us for $120 worth of merchandise and listed you as a credit reference.

We would appreciate your sending us information regarding Kretchmer's credit rating. We would especially like to know how long the owner, Bruce Kretchmer, has had an account with you and whether or not any of his debts are past due. We will, of course, keep any information we receive in the strictest confidence.

A reply envelope is enclosed for your convenience.

Sincerely yours,

STANDARD ELECTRIC CORPORATION

Milton Smedley
Credit Department

dados: quantias devidas e vencidas, máximo de crédito permitido, data de abertura da conta e da última venda, presteza no pagamento etc.

Como a reputação de uma pessoa ou de uma empresa está em jogo, as opiniões devem ser expressadas com discrição, se forem dadas. Particularmente quando uma referência de crédito é desfavorável, é aconselhável apresentar apenas fatos, a fim de evitar um eventual processo por difamação. Além disso, a maioria das empresas reitera em algum ponto da carta (veja o modelo 5-3) que a informação é confidencial.

Cartas de concessão de crédito

Quando todas as referências de crédito são favoráveis, envia-se uma carta concedendo crédito ao cliente (modelo 5-4). Com relação à conta de débito de um consumidor ou à conta ativa de uma empresa, a carta de aceite deve:

1 • aprovar o crédito;

2 • dar as boas-vindas e agradecer ao cliente;

3 • explicar as condições e as vantagens de crédito;

4 • criar uma boa imagem e promover novas vendas.

Cartas de recusa de crédito

Às vezes, obviamente, é preciso recusar o crédito (modelo 5-5). A carta de recusa de crédito deve apresentar ao solicitante um motivo, o qual, no entanto, pode ser mencionado vagamente, por prudência e para resguardar as referências.

A carta de recusa de crédito deve também tentar promover a compra à vista; o tom, portanto, precisa ser positivo e, de certa maneira, adotar o ponto de vista do solicitante.

MODELO 5-3 Referência de crédito

The First Bank of Chicago

1160 State Street, Chicago, Illinois 60688

February 14, 2000

Mr. Milton Smedley
Credit Department
Standard Electric Corporation
2120 Oak Terrace
Lake Bluff, Illinois 60044

Dear Mr. Smedley:

We are happy to send you, in confidence, the credit information you requested concerning Mr. Bruce Kretchmer, owner of Kretchmer's Appliance Store.

Mr. Kretchmer, who was appliance department supervisor at Lillian's Department Store until last fall, has had personal checking and savings accounts with us for the past ten years. His accounts were always in order, with adequate balances to cover all checks drawn.

His appliance store, at 1135 State Street, was opened last December. For this undertaking, he borrowed $8,000 from this bank and has begun making regular payments against the loan. We are unaware of any further outstanding debts he may have.

On the basis of our experience with him, we believe Mr. Kretchmer to be credit worthy.

Yours truly,

THE FIRST BANK OF CHICAGO

Keisha Sawyer
Branch Manager

Standard Electric Corporation

2120 Oak Terrace, Lake Bluff, Illinois 60044

February 18, 2000

Mr. Bruce Kretchmer
Kretchmer's Appliance Store
1135 State Street
Chicago, Illinois 60688

Dear Mr. Kretchmer:

It is my pleasure to welcome you as an SEC credit customer since your request for credit has been approved.

Your first order, for 6 Model 18E toasters, will be ready for shipment on Monday, February 22.

On the first of each month, we will prepare a statement of the previous month's purchases. Your payment is due in full on the tenth. With each statement, you will also receive a supply of order forms and return envelopes.

Arlene Ryan, your personal SEC sales representative, will visit you some time next week. In addition to bringing you catalogs and samples, she will explain our special dealer options, such as advertising campaigns and rebate programs.

We are delighted that SEC can be a part of your store's beginnings and look forward to serving you for many years to come.

Sincerely yours,

Milton Smedley
Credit Department

MODELO 5-5   Carta de recusa de crédito

HANS & MEYER'S   Suppliers to the Plumbing Trade

1010 Broadway, New York, NY 10033

August 10, 2000

Mr. Donald Cortland
Cortland Hardware Store
20-67 Kissena Blvd.
Queens, NY 11203

Dear Mr. Cortland:

Thank you for your recent application for Hans & Meyer's 60-day terms of credit. However, we believe it would not be in your best interest to grant you credit at this time.

An impartial credit investigation indicates that your company's present financial obligations are substantial. We fear that adding to those obligations could jeopardize your sound credit standing in the community.

Of course, Mr. Cortland, you are always welcome to buy from Hans & Meyer's, on a COD basis. We will try our best to serve you in all ways possible. And if, in the future, your obligations should be reduced, feel free to apply again for terms of credit. We shall be delighted to reconsider.

Cordially yours,

Além disso, é recomendável sugerir ao cliente que volte a solicitar o crédito no futuro, deixando claro, assim, que você deseja e apreciaria fazer negócios com ele.

Cartas de cobrança

Seja qual for o cuidado com que a empresa acompanhe as compras a crédito dos clientes, por vezes as contas não são pagas e devem ser tomadas medidas para a cobrança. O problema ao escrever uma carta de cobrança é exigir o pagamento e ao mesmo tempo manter o cliente. O redator de uma carta de cobrança precisa obter o dinheiro devido *e* manter o bom relacionamento.

As cartas de cobrança, portanto, devem ser mais *persuasivas* do que severas, mais *firmes* do que impositivas. Consegue-se um resultado melhor com uma carta justa e diplomática do que com uma carta sarcástica e injuriosa. Na verdade, até mesmo as cartas de cobrança devem ser "voltadas para o cliente": ser educadas, atenciosas e preocupadas com o ponto de vista dele.

Em geral, enviam-se várias cartas de cobrança. A primeira é a mais moderada e compreensiva, e as seguintes adquirem um tom mais insistente. A última carta, quando todas as anteriores não atingiram o objetivo, contém a ameaça de passar o caso a um advogado ou a uma firma de cobrança. Claro, o tom de qualquer uma dessas cartas varia do positivo e moderado ao negativo e incisivo, conforme o histórico de pagamentos do cliente. O intervalo entre as cartas também pode variar, de dez dias a um mês no começo, de uma a duas semanas mais adiante.

Todas as cartas de cobrança contêm determinadas informações:

1 • a quantia devida;

2 • o tempo de atraso no pagamento;

3 • o que o cliente deve fazer.

Algumas empresas também incluem uma PROPOSTA DE VENDA, mesmo no fim da série de cartas, como um incentivo a mais para o pagamento.

Em geral, a maioria das contas é paga dez dias depois do recebimento da cobrança, e as restantes costumam ser pagas em um mês. Assim, quando o pagamento da conta está com um mês de atraso, é preciso tomar providências. Mesmo assim, o processo de cobrança deve ser iniciado com gentileza.

Passo 1

O *extrato mensal* lembra o cliente sobre as contas a pagar. Se for ignorado, deve-se enviar um segundo extrato (cerca de uma semana ou dez dias depois). O segundo extrato precisa conter um aviso (feito com um carimbo ou uma etiqueta adesiva) que diga "Atrasado" ou "Favor Remeter". Pode-se também anexar um cartão ou uma papeleta alertando o cliente sobre o atraso no pagamento. O aviso deve ser escrito em linguagem formal; trata-se de um lembrete *objetivo* que não visa a embaraçar prematuramente o cliente com uma advertência pessoal.

> Our records indicate that the balance of $_____ on your account is now past due. Payment is requested.

Passo 2

Se o lembrete ou a declaração objetiva não surte efeito, o processo de cobrança precisa tornar-se gradativamente mais pessoal e emotivo. (Podem-se usar cartas padrão, mas elas devem *soar* pessoais, adaptadas ao caso específico, talvez até escritas de novo.) A segunda mensagem de cobrança, no entanto, precisa continuar amigável. Deve procurar atribuir o atraso no pagamento a um esquecimento; o tom deve transmitir a suposição de que o cliente pretende pagar. Também nessa etapa, a insistência em vendas futuras, não no pagamento, pode levar o devedor a pagar.

CARTA DE COBRANÇA I

Dear: _____

Snow may still be on the ground, but the first signs of spring are already budding. And we know you will be planning your Spring Sales soon. You may already have your order in mind.

When you send us a check for $ _____, now _____ past due, you will guarantee that your next order will be promptly filled.

Oversights, of course, do happen, but we know you won't want to miss the opportunity, not only of stocking up for the coming season, but of taking advantage of our seasonal ad campaign as well.

Sincerely yours,

Passo 3

A carta seguinte deve manter o tom amistoso, mas também ser firme. Ao mesmo tempo que manifesta confiança na intenção do cliente de pagar, precisa ainda perguntar o *motivo* do atraso. A terceira carta de cobrança deve também apelar para a noção que o cliente tem de:

1 • justeza;

2 • cooperação;

3 • dever;

ou para seu desejo de:

1 • preservar sua idoneidade financeira;

2 • manter a concessão do crédito.

Esta carta deve tocar no orgulho do cliente ao enfatizar a importância do pagamento imediato e os risco de perder a idoneidade. A carta deve transmitir a urgência e a seriedade da situação.

Carta de cobrança II

Dear _____:

We are truly at a loss. We cannot understand why you still have not cleared your balance of $ _____, which is now _____ overdue.

Although you have been a reliable customer for _____ years, we are afraid you are placing your credit standing in jeopardy. Only you, by sending us a check today, can insure your reputation and secure the continued convenience of buying on credit.

We would hate to lose a valued friend, Mr./Ms. _____

Please allow us to keep serving you.

Sincerely,

Passo 4

Chega a hora em que se deve exigir o pagamento. A ameaça de ação judicial ou de intervenção de uma firma de cobrança é às vezes o necessário para induzir o cliente a pagar. Além disso, em algumas empresas, outro executivo, que não o gerente de crédito, assina a última carta para convencer o cliente da premência da situação. Ainda assim, a quarta carta de cobrança dá uma última oportunidade ao cliente de pagar antes que outras medidas sejam tomadas.

NOTA:
> Antes de ameaçar com uma ação judicial, é recomendável um advogado aprovar a ÚLTIMA CARTA DE COBRANÇA.

ÚLTIMA CARTA DE COBRANÇA

Dear _____:

Our Collection Department has informed me of their intention to file suit as you have failed to answer any of our request for payment of $ _____, which is now _____ overdue.

Before taking this action, however, I would like to make a personal appeal to your sound business judgment. I feel certain that if you telephone me, we can devise some means to settle this matter out of court.

Therefore, I ask that you get in touch with me by the _____ of the month so that I may avoid taking steps which neither of us would like.

Truly yours,

NOTA:
> Se o cliente responder a uma carta de cobrança, NÃO MANDE OUTRA, a menos que a resposta não seja o pagamento total.

- O cliente pode, por exemplo, apresentar um desculpa ou prometer o pagamento; pode fazer um pagamento parcial ou solicitar condições especiais de pagamento. Nesses casos, outra carta seria desaconselhável.
- Por exemplo, se o cliente devesse $600 por dois meses e mandasse um cheque de $150, você poderia mandar uma carta como a seguinte:

Confirmação de pagamento parcial

Dear Mr. Marsh:

Thank you for your check for $150. The balance remaining on your account is now $450.

Since you have requested an extension, we offer you the following payment plan: $150 by the 15th of the month for the next three months.

If you have another plan in mind, please telephone my office so that we may discuss it. Otherwise, we will expect your next check for $150 on September 15.

Sincerely yours,

CORRESPONDÊNCIA NA PRÁTICA

Para cada uma das proposições a seguir, prepare uma carta de crédito ou de cobrança.

a. O sr. Marvin Gold (1602 Arlington Avenue, Bronx, New York 10477) tem uma conta de débito no Manson's Department Store, 4404 Madison Avenue, New York, New York 10008. Seu limite de crédito é de $400. Ele sempre pagou as contas no prazo, embora atualmente tenha um saldo devedor de $182.54, atrasados em 45 dias. A financeira National Credit Bureau entrou em contato com o Manson's para obter informações sobre o sr. Gold. Escreva a carta que o Manson's mandaria ao National Credit Bureau.

b. As referências de crédito da sra. Migdalia Ruiz (818 Ocean Parkway, Brooklyn, New York 11202) são todas favoráveis e, portanto, a nova conta de débito dela no Manson's Department Store foi aprovada. Escreva a carta que o Manson's enviaria à sra. Ruiz.

c. As referências de crédito da sra. Hiroko Osawa indicam que, embora ela não tenha dívidas nem seja má pagadora, ela tem instabilidade nos empregos. Portanto, o Manson's Department Store concluiu que é arriscado conceder-lhe crédito. Escreva a carta que o Manson's enviaria à sra. Osawa (6061 Valentine Lane, Yonkers, New York 80301), recusando sua solicitação de uma conta de débito.

d. A Weimar's Furniture Emporium (617 Sherman Road, North Hollywood, California 91605) deve $750, há 45 dias, à Eastgate Furniture Manufacturing Company, Inc. A Eastgate enviou dois extratos e uma carta de cobrança, ignorada pela Weimar's. Escreva a carta que a Eastgate (305 Bush Street, San Francisco, California 94108) enviaria à Wiemar's.

e. O sr. Josef Larsen (1 Penny Lane, Summit, Pennsylvania 17214) compra a crédito há 8 anos na Browne's Department Store (900 Chestnut Street, Philadelphia, Pennsylvania 19107). Apesar de atrasar os pagamentos, ele no entanto sempre remeteu a quantia 60 dias após a compra. Porém, o saldo devedor do sr. Larsen é de $269.48 e está 90 dias atrasado. Ele não respondeu aos dois extratos e às duas cartas que a Browne's já lhe enviou. Escreva a carta que a loja deveria enviar ao sr. Larsen.

6 Queixas, reclamações e reparações

Vez ou outra, as transações comerciais dão errado, e a troca de dinheiro, mercadorias ou serviços não ocorre como se esperava. Em tais situações, o cliente deve informar imediatamente a empresa a respeito do problema por meio de carta, a qual se chama logicamente *reclamação*. A empresa que responde à reclamação escreverá uma carta de *reparação*.

Queixas

Quando um cliente não está satisfeito com mercadorias ou serviços, uma carta de queixa (modelo 6-1) informará a empresa ou instituição sobre o problema. Essa carta deve tanto apresentar os fatos como manifestar a insatisfação do cliente.

Como a queixa – ao contrário da reclamação – não reivindica necessariamente uma atitude ou compensação da empresa, ela deve ser respondida com elegância (modelo 6-2). Na verdade, quem escreve uma queixa está oferecendo ajuda à entidade que errou, uma oportunidade de melhorar suas atividades. Portanto, a resposta a uma queixa deve ser interessada e cortês, *nunca* defensiva. Pode dar uma explicação e expor as medidas que estejam sendo tomadas. Deve, enfim, apresentar um pedido de desculpas.

Reclamações

As transações comerciais podem ter inúmeros contratempos, mas as causas mais comuns para as reclamações são:

MODELO 6-1 Queixa

21 West Main Street
Cochecton, NY 11222
October 9, 2000

Dr. Linda Peters, Director
County General Hospital
Route 97
Callicoon, New York 11203

Dear Dr. Peters:

On the afternoon of October 8, my neighbor's son, Kevin Sawyer, was raking leaves in his family's yard when he tripped and fell. From the degree of pain he was obviously experiencing, I suspected he might have broken his ankle. Thus, as the only adult around at the time, I drove him to your hospital.

When we arrived at the emergency room, no one was available to help Kevin from the car, and I had to help him hobble in as best I could. The effort increased his pain, yet when we were inside, the receptionist, without looking up, told us to take a number and wait our turn. We waited for more than two hours before Kevin was seen by a doctor.

As a member of the community your hospital serves, I am outraged by the treatment my young neighbor received. The lack of concern was upsetting; the lack of attention could have been life threatening. All of us in Wayne County deserve better treatment, and I hope you will look into the situation to see that the suffering endured by Kevin Sawyer is never again inflicted by an employee of your institution.

Yours truly,

Michelle Sussman

County General Hospital

Route 97, Callicoon, NY 11203

October 12, 2000

Ms. Michelle Sussman
21 West Main Street
Cochecton, New York 11222

Dear Ms. Sussman:

Thank you for bringing to my attention the inexcusable wait you and Kevin Sawyer endured in the emergency room on October 8. I am extremely sorry for any additional pain Kevin may have experienced and any emotional stress you may have felt under the circumstances.

Allow me, however, to offer an explanation. Shortly before you arrived, an automobile accident just outside Callicoon resulted in four seriously injured people being rushed to County General. Since we are, as you know, a small rural hospital, our emergency staff was stretched to its limits to assist these people simultaneously.

Nevertheless, you and Kevin should not have been ignored for two hours. I have spoken to the receptionist with whom you dealt and I can assure you that in the future, arrivals to our emergency room will be treated with concern and prompt attention.

Again, I apologize for the events of October 8 and greatly appreciate your letting me know about them.

Yours truly,

Linda Peters, M.D.

1 • conta, fatura ou extrato incorreto (modelo 6-3);

2 • conta por mercadoria pedida mas não recebida;

3 • entrega de mercadoria não pedida;

4 • entrega de mercadoria errada;

5 • entrega de mercadoria danificada ou defeituosa (modelo 6-4);

6 • entrega muito demorada.

Dois outros tipos específicos de reclamação são:

1 • pedido de cumprimento de garantia;

2 • pedido de restituição por apólice de seguro.

A reclamação é escrita para *informar* a companhia de um problema e *propor* uma compensação justa. Independentemente de o problema ser exasperante e a inconveniência, muito grande, a intenção da reclamação NÃO é manifestar raiva, mas obter resultados.

Portanto, é importante evitar um tom hostil ou impositivo. A reclamação deve ser tranqüila e educada, embora firme.

A reclamação precisa começar com os fatos, explicando em primeiro lugar o problema (tal como o estado da mercadoria ou o erro cometido). Depois, todos os detalhes necessários devem ser contados em ordem lógica. Entre esses detalhes podem estar a data do pedido e da entrega, o número do pedido ou da fatura, o número da conta, a modalidade de remessa etc. Uma cópia que comprove a compra, como por exemplo uma nota ou uma fatura, deve ser anexada sempre que possível. (Claro, fique sempre com o original.)

<u>Lembre-se</u>: É mais provável receber uma resposta favorável de uma empresa que possa compreender inteiramente o problema.

A segunda parte da reclamação deve ressaltar a perda ou o inconveniente causado. Mais uma vez, o relato deve ser

811 Regent Street
Phoenix, Arizona 99087
December 3, 2000

Gleason's Department Store
2297 Front Street
Phoenix, Arizona 99065

Dear Sir or Madam:

I have just received the November statement on my charge account (No. 059-3676). The statement lists a purchase for $83.95, including tax, which I am sure I did not make.

This purchase was supposedly made in Department 08 on November 12. But because I was out of town the week of the tenth and no one else is authorized to use my account, I am sure the charge is in error.

I have checked all the other items on the statement against my sales receipts, and they all seem to be correct. I am therefore deducting the $83.95 from the balance on the statement and sending you a check for $155.75.

I would appreciate your looking into this matter so that my account may be cleared.

Sincerely yours,

Jack's Hardware Store

72 Elm Street
Kennebunk, Maine 06606

April 12, 2000

Eterna-Tools, Inc.
Route 9
Saddlebrook, New Jersey 07666

Dear Gentlemen and Ladies:

On March 1, we ordered and subsequently received one case of handsaws, model 88b. We paid for the order with our check no. 7293, a photocopy of which is enclosed.

When we decided to order these saws instead of model 78b, it was at the urging of your sales representative, Harold Saunders. He assured us that the new saws were more durable and efficient than the older model.

However, we have now had the saws on our selling floor for three weeks, and already six have been returned with broken teeth by extremely dissatisfied customers.

We are therefore returning the entire order of 88b saws and would like to be refunded for their full purchase price plus shipping expenses.

Yours truly,

factual e desprovido de emoção e, obviamente, você NÃO deve exagerar.

Por fim, você deve reivindicar uma reparação *sensata*. Ela deve ser feita construtivamente e transmitir sua confiança de que a empresa será justa.

Ao ler as amostras de reclamações, perceba principalmente como elas relatam todos os fatos *com serenidade. Quem a escreve nunca perde a calma, nunca faz uma ameaça ou tenta culpar alguém*. O tempo todo a carta volta-se para uma solução.

Reparações

As reclamações devem ser respondidas *prontamente* com uma carta que recupere a disposição e a confiança do cliente na empresa. Como na reclamação, a carta de *reparação* deve dar ênfase à solução do problema – e não ao erro – e convencer o cliente de que você o compreende e quer agir corretamente.

A carta de reparação deve começar por uma afirmação positiva, manifestando solidariedade e compreensão. Já de início, precisa fazer o leitor saber o que está sendo feito, e essas informações, sejam boas ou ruins, devem ser seguidas de uma explicação. A carta deve terminar com outra afirmação positiva, reafirmando a boa intenção da empresa e o valor de seus produtos, mas NUNCA se referir ao problema original.

Se a sua empresa errou ou não, a resposta até mesmo a uma carta malcriada deve ser educada. A carta de reparação NÃO deve ser negativa nem desconfiada; não deve NUNCA acusar o cliente nem conceder a reparação de má vontade. Lembre-se, a imagem e a clientela de sua empresa estão em jogo quando você responde até a uma reclamação injusta.

Quando os motivos da reclamação forem confirmados, pode-se adotar uma de três soluções justas:

1 • Conceder a reparação requisitada.

2 • Propor uma reparação.

3 • Negar qualquer reparação.

Para chegar a uma reparação justa, devem ser levados em consideração a responsabilidade pelo problema, a confiabilidade do cliente e a natureza da relação comercial. Contudo, o acerto final deve sempre ser feito dentro dos limites da *política da empresa*.

Concessão de reparação

Essa carta deve ser cordial, admitindo abertamente os erros e oferecendo a reparação de boa vontade. Deve agradecer pela informação recebida na reclamação. A carta *pode* conter uma explicação dos motivos do erro e *deve* conter uma afirmação de que erros desse tipo não voltarão a ocorrer. Por fim, deve *promover* a empresa, talvez por meio da proposta de novos negócios (veja o modelo 6-5).

Reparação conciliatória

Escreve-se uma carta deste tipo quando nem a empresa nem o cliente são inteiramente responsáveis pelo problema. Deve transmitir a intenção de conciliação amigável, basear-se em fatos e apresentar um motivo para a recusa da reparação solicitada. Como no modelo 6-6, é preciso fazer de início uma contra-oferta que seja um meio-termo. Obviamente, deve dar liberdade ao cliente para decidir se aceita ou não a reparação e sugerir como proceder.

Gleason's Department Store

2297 Pront Street
Phoenix, Arizona 99065

December 8, 2000

Ms. Rosetta Falco
811 Regent Street
Phoenix, Arizona 99087

Dear Ms. Falco:

As you mentioned in your letter of December 3, you were indeed billed for a purchase you had not made.

According to our records, you should not have been charged the $83.95, and the sum has been stricken from your account.

Thank you for bringing this matter to our attention. We hope you have not been inconvenienced and will visit Gleason's soon so that we may again have the pleasure of serving you.

Sincerely yours,

MODELO 6-6 Carta de reparação II

Eterna-Tools, Inc.

Route 9, Saddlebrook, NJ 07666

April 19, 2000

Mr. Jack Patterson
Jack's Hardware Store
72 Elm Street
Kennebunk, Maine 06606

Dear Mr. Patterson:

We are sorry that the model 88b handsaws you purchased have not lived up to your expectations. Frankly, we are surprised they have proved so fragile and appreciate your returning them to us. Our lab people are already at work trying to discover the source of the problem.

We are glad to assume the shipping costs you incurred, Mr. Patterson. But may we suggest that, instead of a refund, you apply the price of these saws to the cost of an order of model 78b saws. Your own experience will bear out their reliability, and we are sure your customers will be pleased with an Eterna-Tool Product.

If you will drop us a line okaying the shipment, your 78b handsaws will be on their way within the week.

Sincerely yours,

Atlas Photocopiers, Inc.

81 Warren Street, New York, New York 10003

August 28, 2000

Mr. Thomas Shandy
Finance Director
Handleman & Burns, Ltd.
41 Maiden Lane
New York, New York 10002

Dear Mr. Shandy:

We are sorry that you are not completely satisfied with your Atlas photocopier. You are entirely justified in expecting more than eighteen months of reliable performance from an Atlas office machine, and we are always eager to service any product that does not for some reason live up to standards.

We appreciate your giving us the opportunity to inspect the malfunctioning copier. According to our service representative, two problems contributed to the unit's breakdown. It is apparently being used for a significantly higher volume of copying than it was built for (as is clearly indicated in both the sales material and user's manual with which you were provided). Furthermore, there are indications that a number of people in your department are not properly closing the cover before copying documents. The resultant "sky shots" can lead to the burnout of a number of mechanical parts.

Although we are not prepared to offer you a replacement copier as you suggested (indeed the one-year warranty has been expired for six months), we would be happy to take the damaged copier as a trade-in on another, larger-capacity Atlas copier. We believe this arrangement would better meet your department's needs and be more economically advisable than additional repairs on the old unit. Please let us know if you would like to speak to a sales representative about the terms of a trade-in.

Yours truly,

Recusa à reparação

Como em qualquer recusa, esta carta de reparação é a mais difícil de escrever, pois você precisa tentar recuperar a confiança do cliente. Não deve ser afável, mas sim firme, e ao mesmo tempo convencer o cliente da correção e da responsabilidade da empresa.

A carta de recusa à reparação deve começar ressaltando o ponto de vista do cliente (veja o modelo 6-7) e demonstrar sua compreensão e seu desejo de agir corretamente. Deve dar ênfase à análise cuidadosa da reclamação recebida.

Ao dizer não, é sempre adequado, além do mais, apresentar a explicação *antes* da decisão e incluir um apelo ao bom senso do cliente. Para o fecho ser eficaz, deve-se propor uma solução alternativa para o cliente.

CORRESPONDÊNCIA NA PRÁTICA

As situações descritas nestes problemas exigem uma carta de reclamação ou de reparação. Escreva-a adequadamente, conforme as instruções.

a. Para fazer as honras da casa e impressionar um parceiro de negócios de outra cidade, você fez reservas para um jantar no Clube Cammarata, restaurante famoso por ter uma clientela de executivos. Sua reserva era para as 19 horas de 8 de junho, e você e seu convidado chegaram na hora certa. A mesa, no entanto, não estava à disposição, e vocês tiveram de esperar por uma hora e quinze minutos. O *maître* ouviu suas reclamações insistentes, mas reagiu com indiferença. Por isso, seu convidado ficou extremamente incomodado com o restaurante e também com você. Escreva uma carta de reclamação apropriada para o dono do restaurante (Enrico Cammarata, Clube Cammarata, 2 Merrimack Road, Merrimack, NH 03113).

b. Com base no exercício A, escreva a resposta que Enrico Cammarata enviaria para tranqüilizar um cliente insatisfeito e preservar sua reputação nos meios empresariais de Merrimack.

c. Em 5 de setembro, Arnold Hayes recebeu o extrato mensal da Nayak & Nolan (10 French Market Place, New Orleans, Louisiana 70153) na qual ele tem uma conta de débito há oito anos. O extrato continha um "saldo anterior" do extrato de agosto. No entanto, o sr. Hayes havia pago esse saldo prontamente ($81.23) em 7 de agosto e está com uma cópia para comprová-lo. Escreva a reclamação do sr. Hayes, 80 Arch Drive, New Orleans, Louisiana, 70155, pedindo que o extrato seja retificado. Mencione o envio anexo do cheque para cobrir o saldo restante da conta ($107.80).

d. Com base no exercício C, escreva a carta de reparação da Nayak & Nolan, reconhecendo o erro.

e. Em 7 de outubro, a Kitchen Korner, 47-03 Parkway Drive, St. Paul, Minnesota, 55104, fez um pedido de duas dúzias de tesouras para trinchar à Northridge Cutlery Company, 2066 Yellow Circle, Minnetonka, Minnesota 55343. Em 30 de novembro, as tesouras ainda não haviam sido entregues, e não chegou nenhuma carta da Northridge Cutlery justificando o atraso. Escreva a carta de reclamação da Kitchen Korner pedindo esclarecimentos sobre o pedido. Ressalte estas preocupações: o pedido foi recebido? Por que não foi enviada nem uma notificação de recebimento nem uma carta preliminar? As tesouras vão chegar a tempo para as vendas de Natal?

f. Com base no exercício E, escreva a carta de resposta da Northridge Cutlery à Kitchen Korner. Explique que o atraso foi provocado por uma greve de caminhoneiros. Desculpe-se por não ter avisado o cliente.

7 Cartas de venda e relações públicas

Todas as cartas comerciais são, de certo modo, cartas de venda, como já afirmamos. E todas as cartas comerciais são também cartas de relações públicas, no sentido de que sempre se deve buscar e manter uma boa imagem.

Essas cartas – de *vendas* e de *relações públicas* – precisam ter um texto com estilo muito especial. Ambas exigem um redator *perspicaz*, que tenha a capacidade de convencer o leitor com palavras. Por essa razão, a maioria das grandes empresas contrata redatores profissionais – especializados em publicidade e relações públicas –, que se encarregam de todos os textos de vendas e propaganda.

Os redatores de publicidade ou relações públicas não só sabem cativar o impulso de compra das pessoas como também *encontrar* compradores potenciais. Devem saber como obter relações de endereços para correspondência (fontes como os registros da própria empresa e listas telefônicas são um bom começo) e selecionar o público certo nessas listas.

Entretanto, especialmente nas empresas menores, sempre haverá ocasião em que qualquer funcionário terá de escrever uma carta de venda ou de relações públicas. Se as nuanças de estilo fogem ao propósito deste capítulo, algumas diretrizes básicas podem ajudá-lo a conseguir uma venda ou conquistar um parceiro.

Cartas de venda

As cartas de venda podem ser divididas em três categorias: mala-direta, varejo e promoção. Mesmo que o modo de venda seja diferente em cada uma delas, todas têm a mesma intenção: vender um produto ou um serviço.

Cartas de venda por mala-direta

A mala-direta procura vender diretamente para o cliente *pelo correio* (modelo 7-1). Portanto, a carta de vendas por mala-direta faz todo o serviço de venda. O vendedor nunca telefona para o cliente; nunca se vê o produto pessoalmente. O cliente é levado a comprar somente com base na descrição e nos estímulos da carta, a enviar um cheque e esperar a chegada de sua compra.

Uma carta de mala-direta deve, conseqüentemente, contar com uma "pressão de venda", atrair a atenção do leitor pela aparência. O uso de envelopes chamativos ou a inclusão de folhetos ou amostras sempre ajudam. Deve despertar o interesse do leitor com títulos atraentes e uma descrição completa do produto; várias fotografias, de ângulos diferentes, são uma boa idéia.

Além disso, uma carta de mala-direta deve convencer o leitor da qualidade e do valor do produto. Informações como características e estatísticas, depoimentos e garantias são essenciais quando o cliente não pode ver ou experimentar o produto. E por fim, para assegurar o negócio, a carta de mala-direta deve facilitar a compra: instruções claras para fazer o pedido e também um cartão-resposta selado tornam a compra mais fácil; o recurso "não mande dinheiro agora" ou a oferta de um brinde são um atrativo adicional.

Cartas de venda no varejo

As cartas de venda no varejo (modelo 7-2) são em geral usadas por varejistas para anunciar promoções ou motivar os patrocinadores. A vantagem delas sobre outras formas de

AP All-Pro Sporting Supplies, Inc.

Box 8118, Phoenix, Arizona 85029

March 3, 2000

Dear

What do Miss Universe and Mr. America have in common? They both lift weights to keep in shape – with very different results, of course. And many women across the country are discovering – just like Miss Universe – that weight lifting is an effective and fun way to a better-looking body and better health in the bargain.

All-Pro has put together a special package to help women get started. We will send you a pair of three-pound dumbbells and a fully illustrated body-building regime. In just 45 minutes a day, three days a week, these easy-to-follow exercises will firm up every muscle of your body from your deltoids to your calves.

Despite the myths that have grown up around body-building, lifting weights will not make a woman look like a man. Does Demi Moore look like Bruce Willis? And weight lifting is completely safe. According to Dr. Leonard Paddington of the Phoenix Sports Medicine Institute, "Weight lifting, which strengthens the cardiovascular system, is safe for people of all ages. If you start a weight-lifting program now, you will be able to continue to whatever age you want."

Weight lifting shows results faster than any other form of exercise. Get started now and you'll be all set for your bathing suit and the beach this summer.

Our Women'n'Weights package, with the two dumbbells and complete exercise regime, at the low, low price of $21.95, is available only through the mail. You can't buy it in any store. And for a limited time only, we will send you, along with your purchase, an exercise mat FREE. This 100% cotton, quilted mat is machine washable, a $6.96 value.

To order your Women'n'Weights package, and your free exercise mat, SEND NO MONEY NOW. Just fill in the enclosed postagepaid reply card, and your better body will be on its way to you.

Yours truly,

MODELO 7-2 Carta de venda no varejo

Justin's

Winston-Salem, NC 27106

January 24, 2000

Dear Customer:

Now that the scaffolds are down and the hammering has stopped, you are probably aware that Justin's has opened a new store in the Bethabara Shopping Center. We are extremely proud of this gleaming new addition to the Justin family.

To celebrate the occasion, we are having a Grand Opening Sale, and every Justin store will be in on it.

EVERYTHING in ALL our stores will be marked down 10-30%. Designer jeans that were $60-$90 are now $40-$60. An assortment of 100% silk blouses, originally $60-$95, are on sale for $40-$65. The savings are incredible.

The sale is for one day only, January 31. But the doors will open at 9 A.M., so you can shop early for the best selection. And, of course, your Justin's and VISA cards are always welcome.

Sincerely yours,

propaganda, como anúncios de televisão, rádio ou jornal, é que se pode selecionar o destinatário das cartas – um público específico mais propenso a comprar. Uma loja de produtos eletrônicos, por exemplo, para vender agendas eletrônicas, poderia enviar cartas diretamente a executivos e funcionários do comércio, em vez de, por exemplo, donas-de-casa ou professores, atingindo dessa maneira pessoas com um interesse evidente pelo produto.

A carta para anunciar uma promoção precisa conter certas informações:

1 • o motivo da promoção (liquidação, férias, venda especial etc.);

2 • a data de validade da promoção;

3 • uma descrição correta do produto (incluindo uma declaração do que está e não está remarcado);

4 • uma comparação de preços (o preço original cotejado com o preço da promoção ou porcentagens aproximadas da redução de preço);

5 • um incentivo para que o cliente decida rápido.

Cartas de promoção de venda

Uma carta de promoção de venda (modelo 7-3) procura despertar o interesse mais do que resultar numa venda imediata. É escrita para incentivar consultas e não pedidos. Um produto que precise ser demonstrado ou explicado em profundidade, por exemplo, poderá ser apresentado numa carta promocional; os clientes interessados farão mais perguntas. Do mesmo modo, os produtos que precisem de um material explicativo caro e trabalhoso (por exemplo, um libreto volumoso ou uma amostra) também poderão ser apresentados numa carta promocional. As

MODELO 7-3 Carta de promoção de venda

Smith & Marcus Financial Consultants

732 Commonwealth Avenue
Boston, Massachusetts 62633

February 10, 2000

Dear

In times of economic uncertainty, personal financial planning can pose more challenges than running your own business. Determining the investment vehicles that will protect your own and your family's future requires financial insight and information.

That is why many successful business owners like yourself have engaged the services of the personal financial consultants at Smith & Marcus. We have both the expertise and objectivity to help you sort out your long and short term financial goals and then select the investment strategies that will meet those goals. Whether your immediate concerns are tax planning or estate planning, we believe we have the answers to your financial questions.

To introduce you to the sort of answers we have, you are cordially invited to a seminar, "What a Personal Financial Planner Can Do for You." The seminar will take place on Wednesday, March 1, 2000, at 7 P.M. in the Essex Room of the Essex-Marlboro Hotel. Because seats are limited, we would appreciate your letting us know if you plan to attend by telephoning Dorothy Phillips at 771-3102, extension 222.

Yours truly,

pessoas que não se interessarem poderão ser excluídas da lista de mala-direta, mantendo-se apenas os clientes potenciais e, assim, reduzindo-se os custos.

Como outras cartas de venda, a carta promocional deve estimular o interesse do leitor e descrever o produto. Mas não precisa ser muito detalhada: os clientes que desejarem mais informações serão convidados a enviar um cartão-resposta, a contatar um representante de vendas ou a procurar o revendedor mais próximo. Obviamente, essas consultas DEVEM ser atendidas prontamente, ou pessoalmente, por um vendedor ou por meio de carta. E a correspondência complementar (que pode conter um folheto ou uma amostra) precisa fornecer informações completas, inclusive respostas a perguntas que o cliente faria. As cartas complementares têm a intenção de convencer o destinatário a comprar e de informar como fazer a compra.

Todas as cartas de venda mencionadas neste capítulo têm certas características comuns: transmitem *entusiasmo* pelo produto e usam uma *linguagem sugestiva*. Deixam transparecer o conhecimento que o redator tem tanto do produto quanto do próprio cliente. E retratam os princípios de publicidade denominados AIDA:

1 * *A*TENÇÃO: A carta inicia-se com uma frase sugestiva que desperte a atenção do leitor e provoque o desejo de obter mais informações.

2 * *I*NTERESSE: A carta fornece informações e lança mão de certas características do produto para aumentar o interesse do leitor.

3 * *D*ESEJO: A promoção de venda recorre a uma ou mais necessidades pessoais (como prestígio, posição social, conforto, segurança ou dinheiro) para estimular o desejo do leitor.

4 • *A*ÇÃO: A carta facilita a compra para o leitor e o estimula a agir imediatamente.

Cartas de relações públicas

Relações públicas é uma área que ajuda a empresa a influenciar a opinião do público, criando uma imagem favorável a ela. Sua finalidade NÃO é vender nem promover negócios imediatos, mas transmitir ao público o prestígio, a confiabilidade ou a eficiência da empresa.

As relações públicas são muito importantes, tanto que as grandes empresas gastam milhões por ano em suas campanhas de veiculação da imagem. Quando uma grande empresa petrolífera patrocina um programa na televisão, está fazendo relações públicas; quando uma grande empresa de produtos químicos institui um fundo para bolsas de estudo, também está fazendo relações públicas.

Os especialistas em relações públicas sabem como usar todos os meios de comunicação de massa (televisão, rádio, revistas, jornais, filmes e Internet); sabem como escrever comunicados à imprensa e convocar entrevistas coletivas, preparar anúncios de grande alcance e promover eventos públicos.

Mas as relações públicas também existem em escala menor. Ocorrem quando o açougueiro se lembra do nome do freguês, quando uma loja de ferragens compra camisetas para distribuir às crianças. Fundamentalmente, fazer relações públicas é tentar criar e manter uma BOA IMAGEM.

As *cartas de relações públicas*, portanto, são escritas com a intenção de intensificar o vínculo. Algumas delas podem ser classificadas como *cartas comerciais sociais* (veja na página 113), como os convites, os agradecimentos e as cartas de cumprimento. Outras se assemelham à publicidade, como

Pine & White

100 Massachusetts Avenue
Boston, Massachusetts 02116

June 12, 2000

Ms. Beverly May
100 Gould Street
Needham, Massachusetts 02194

Dear Ms. May:

Now that you've used your Pine & White credit card for the very first time, we are sure you have seen for yourself the convenience and ease a charge account provides. So we won't try to "resell" you on all the benefits you can take advantage of as a new charge customer.

We'd simply like to take this time to thank you for making your first charge purchase and assure you that everyone at Pine & White is always ready to serve you. We are looking forward to a long and mutually rewarding association.

Welcome to the "family."

Sincerely yours,

Christine Popoulos
Customer Relations

MODELO 7-5 Carta de relações públicas II

Pine & White

100 Massachusetts Avenue
Boston, Massachusetts 02116

May 26, 2000

Mrs. Addison Tanghal
14 East Elm Street
Brookline, Massachusetts 02144

Dear Mrs. Tanghal:

It's been more than six months since you charged a purchase at Pine & White, and we can't help worrying that we've done something to offend you. We are sure you are aware of the convenience and ease your charge account provides, but we would like to assure you once again that everyone at Pine & White is always ready to serve you.

If you have encountered a problem with our service or merchandise, we want to know. It is our sincere desire to give you the personal attention and satisfaction you have come over the years to expect from Pine & White. And we welcome the advice of our customers and friends to keep us on our toes.

Please fill out the enclosed reply card if something has been troubling you. We will give your comments immediate attention, as we look forward to seeing you once again at our Brookline store and all our other branches.

Sincerely,

Christine Popoulos
Customer Relations

Murgano's Office Equipment, Inc.

Montgomery, Alabama 36044

October 19, 2000

Dear Office Manager:

Few business folks these days would deny that the fax machine has become an indispensable tool. Instead of waiting days for a letter to cross the country by mail, you can push a button and fax it in seconds. Instead of paying the high price for an overnight courier to deliver your document, you can fax the same document anywhere in the world for the price of a phone call.

Short for <u>facsimile</u>, a fax machine consists of three parts. A <u>scanner</u> reads your original document and converts the images on the page into a digital code. A <u>modem</u> translates this code into a transmittable analog signal. Finally, a <u>telephone</u> calls the receiving fax machine and sends the message. When you receive a document, the process reverses. The telephone answers the call and receives the message. The modem translates the message back to a digital code, and then this code is converted to images on a page and printed. Thus, the received document is a <u>facsimile</u> of the original, transmitted document.

Fax machines are available with a wide range of useful features, from conveniences such as autodialer and on-hook dialing to qualities such as fine mode and half-tone (for sending finely detailed documents). Our on-staff experts can help you determine which features will best meet your business's needs.

Indeed, everyone at Murgano's is eager to make your fax purchase as uncomplicated as possible. Just give us a call or drop by our showroom. We'll put a fax in your future fast.

                                             Sincerely yours,

os avisos de inaugurações ou mudanças nas instalações ou nos procedimentos de uma loja. Outras, ainda, são apenas gestos amistosos, como uma carta breve dando as boas-vindas a um cliente de crediário ou agradecendo a um novo cliente pela primeira compra (modelo 7-4).

Existe um tipo especial de carta de relações públicas que visa mostrar o interesse da empresa por seus clientes. Essa carta (modelo 7-5) serve para *incentivar* as queixas. A finalidade é descobrir os motivos da insatisfação do cliente antes que ela aumente. (Essas cartas merecem resposta imediata, para garantir ao cliente que o problema apresentado será investigado.)

Do mesmo modo, para evitar reclamações (e, claro, promover os negócios), as grandes companhias costumam enviar cartas *informativas* para *esclarecer* o público (modelo 7-6). Por exemplo, a companhia de gás ou de energia elétrica pode explicar o aumento das taxas na conta mensal. Ou a companhia telefônica pode anexar um folheto esclarecendo como economizar em telefonemas de longa distância.

Seja qual for a motivação da carta de relações públicas — estabelecer, manter ou até retomar negócios —, lembre-se de que *todas* elas devem ser *amigáveis*. Sua intenção real é conquistar um amigo para a empresa.

CORRESPONDÊNCIA NA PRÁTICA

Elabore uma carta de venda ou de relações públicas, de acordo com cada uma das seguintes situações.

a. Escolha um produto (tal como utensílio de cozinha, revista ou cosmético) que você pense em comprar (ou já tenha comprado) pelo correio. Escreva uma carta que possa ser usada para incentivar a venda do produto por mala-direta.

b. A Geoffrey's, loja de roupas masculinas elegantes situada na 10 Arlington Street, Boston, Massachusetts 02116, está promovendo uma liquidação de outono. Todas as mercadorias de verão e algumas peças de outono serão remarcadas com descontos de até 60%. A liquidação vai começar em 10 de setembro. Escreva a carta que será enviada a todos os clientes do crediário, convidando-os a participar de três dias anteriores à estréia da liquidação, de 7 a 9 de setembro, durante os quais encontrarão todo o estoque em liquidação, antes de ser anunciada ao público em geral.

c. Você trabalha para a ABC Corporation, Fort Madison, Iowa 52622, fabricante de aparelhos de fax. Escreva a carta que será enviada aos diretores de todas as escolas de comércio da região, levando-os a fazer perguntas sobre o modelo mais recente. Descreva algumas das características especiais do aparelho e diga ao destinatário como ele pode receber mais informações.

d. Você é funcionário do First National Bank of Dayton, 1742 Broad Street, Dayton, Ohio 45463. Recentemente, você abriu para Claire Paulsen, nova moradora na cidade, uma conta corrente e uma conta de poupança. Escreva uma carta para ela (222 Elm Street, Dayton, Ohio, 45466), dando-lhe as boas-vindas à cidade e ao banco.

e. Imagine que você trabalha no departamento de relações públicas de uma grande loja de móveis. Escreva a carta que seria mandada aos clientes que compraram móveis para um cômodo da casa incentivando-os a comprar móveis para outro cômodo. Lembre a eles da qualidade e do atendimento que receberam quando compraram com sua empresa anteriormente. Faça-os comprar em sua loja de novo.

8 Cartas de contato social

Assim como as cartas de relações públicas, a correspondência social não pretende fazer negócios imediatamente. No entanto, uma pessoa esperta que trabalhe no comércio vê nas cartas de cumprimento ou de agradecimento uma ótima chance de criar uma boa imagem.

São muitas as oportunidades que indicam a conveniência de uma carta comercial social. Essas cartas podem servir para felicitar, prestar solidariedade, agradecer, fazer um convite ou dar um aviso. Essas mensagens costumam ser transmitidas a amigos ou conhecidos, a colegas e funcionários e a parceiros de negócios. Podem até ser enviadas a pessoas que o redator não conheça mas que sejam clientes potenciais.

Ainda que o *tom* de uma carta comercial social dependa do tipo de relação entre as partes, todas devem demonstrar SINCERIDADE. E, com a possível exceção do aviso, devem evitar qualquer vestígio de uma promoção de venda.

As cartas de contato social são quase sempre escritas em papéis menores que os da carta padrão. Algumas podem ser escritas a mão ou impressas, em vez de datilografadas. Além disso, para dar um toque mais pessoal, a saudação numa carta comercial social pode ser seguida de uma vírgula, em vez de dois-pontos.

Como a linguagem de uma carta comercial social deve conseguir um equilíbrio entre o pessoal e o profissional, o amistoso e o formal, é bom consultar um livro de etiqueta para escolher as palavras certas. Uma obra de consulta desse tipo funciona como um autêntico guia, principalmente ao escrever convites formais e cartas de pêsames.

Cartas de cumprimento

Uma carta de cumprimento estabelece familiaridade ao tocar no ego do leitor: todo o mundo gosta de ver suas realizações reconhecidas.

São várias as ocasiões para as mensagens de cumprimento: promoções (modelo 8-1); nomeações e eleições; realizações, prêmios e honrarias; casamentos e nascimentos (modelo 8-2); aniversários e aposentadorias.

Sejam elas escritas para um amigo íntimo ou para um parceiro de negócios distante, qualquer carta de cumprimento deve ser SINCERA e EMPOLGADA. Pode ser breve, mas deve conter afirmações ou menções PESSOAIS.

Uma carta de cumprimento deve conter três ingredientes essenciais:

1 • começar pelo cumprimento;

2 • mencionar o motivo do cumprimento com um jeito pessoal ou informal;

3 • terminar com uma manifestação de bons votos (como uma exaltação ou uma certeza – NUNCA diga "Boa sorte", porque denota casualidade e não esforço próprio).

Cartas de solidariedade

Quando uma pessoa conhecida sofre a morte de uma pessoa querida, é aconselhável, embora difícil, enviar uma mensagem de condolências (veja os modelos 8-3 e 8-4). Para evitar embaraços, muitas pessoas preferem enviar cartões comprados, mas uma mensagem escrita especialmente para a ocasião é mais PESSOAL e GENUÍNA.

A mensagem de condolências faz o destinatário saber que você está a par da dor dele e quer prestar solidariedade e apoio. A mensagem, portanto, deve ser SIMPLES, SIN-

MODELO 8-1 Carta de cumprimento I

Dear Alan,

    Congratulations on your promotion to senior accounts executive. You have worked hard for Rembow Consultants, and I am delighted that your efforts have been rewarded.

    As you move into your new office and assume the weight of responsibilities that go along with your new position, please let me know if I can be of any assistance.

    Sincerely,

MODELO 8-2 Carta de cumprimento II

Ruth T. Travis
1156 Clearview Avenue
Cold Spring Harbor, New York, 11798

Dear Monica,

    Congratulations on the birth of your grandchild, David Gary. You and Jim must be thrilled by the experience of becoming grandparents.

    Please extend my warmest wishes to your daughter Jane and her husband. May this new addition to your family bring you all joy.

    Sincerely,
    Ruth

MODELO 8-3   Carta de condolências I

Dear Mr. Summers,

I would like to extend the deep sympathy of all of us at Jason Associates.

We had the privilege of knowing and working with Edith for many years, and her friendly presence will be sadly missed.

Please consider us your friends and telephone us if we can be of any help.

Sincerely,

MODELO 8-4   Carta de condolências II

Michael Barrett
2368-83 Street, Brooklyn, New York 11214

Dear Hal,
Roseann and I were deeply saddened to learn of your great loss. We hope the love you and Edith shared will help comfort you in the days ahead.
If there is anything we can do for you now or in the future, please let us know.
With much sympathy,
Michael

CERA e DIRETA, e deve manifestar o PESAR com DIGNIDADE e RESPEITO. (No entanto, deve-se evitar a expressão "I am sorry" por ser um lugar-comum, soa vazia e insincera.)

A mensagem de condolências deve no início mencionar a situação e as pessoas envolvidas. Deve ser uma menção sutil, para evitar lembranças desagradáveis. A mensagem pode usar a palavra *morte*, mas NÃO deve descrever a morte.

O restante da mensagem deve ser breve: um encorajamento para o futuro (que deve ser enaltecedor mas realista) ou, se for apropriado, um gesto de boa vontade (oferecer ajuda, por exemplo).

Nota: Também se enviam cartas de solidariedade a pessoas que estejam doentes ou tenham sofrido um acidente ou outro problema.

Cartas de agradecimento

Tanto nos negócios como na vida diária, é importante dizer "obrigado".

Já vimos (páginas 107-108) que as cartas de agradecimento devem ser enviadas a novos clientes em seguida à abertura de uma conta ou à primeira compra. Mas muitas outras oportunidades também pedem um "thank you". Deve-se mandar uma mensagem de agradecimento depois de se ter recebido:

1 • presentes

2 • favores

3 • uma cortesia

4 • hospitalidade

5 • doações

Deve-se também mandar uma mensagem de agradecimento em resposta a uma carta de cumprimento.

A mensagem de agradecimento deve ser BREVE mas IMEDIATA, porque, como em todas as cartas comerciais sociais, deve transmitir SINCERIDADE.

Uma carta de agradecimento correta (veja os modelos 8-5 e 8-6) deve fundamentalmente:

1 • começar dizendo "obrigado";

2 • fazer um comentário pessoal sincero;

3 • terminar com uma frase positiva e autêntica (NUNCA diga "mais uma vez, obrigado").

Convites

Ao mesmo tempo que eventos como inaugurações, pré-estréias e apresentações podem ser anunciados em jornais ou por meio de panfletos, é possível escolher a dedo os convidados enviando um convite por carta.

Um evento solene, uma festa a portas abertas ou uma reunião social *exigem* um convite formal. Esses convites podem ser impressos ou escritos à mão em papel pequeno.

Um convite geral (modelo 8-8) deve ser amistoso e sincero; um convite formal (modelo 8-7) deve ser menos pessoal, escrito na terceira pessoa. No entanto, qualquer convite precisa:

1 • convidar o leitor para o evento;

2 • apresentar o motivo do evento;

3 • mencionar a data, a hora e o local do evento.

MODELO 8-5 Carta de agradecimento I

Dear Mr. Yoshimura,

    Thank you very much for referring Natalie Slate to us. We are, of course, pleased to take on a new client. But even more, we appreciate your confidence in our legal services and your willingness to communicate this confidence to others.

    Be assured that we will continue to make every effort to live up to your expectations.

                      Cordially,

MODELO 8-6 Carta de agradecimento II

Lisa Longo
9 Nutmeg Lane
Framingham, Massachusetts 01708

Dear Lucy,

    Thank you for the beautiful paperweight. As it sits on my desk, I shall always be reminded of your valuable support when I was up for promotion.

                      Sincerely,
                      Lisa

MODELO 8-7 Convite I

> **The Brookdale Chamber of Commerce**
> requests the pleasure of your company
> at a dinner honoring
> the Honorable Stacy Coughey
> Wednesday, the third of June
> at seven o'clock
> The Stardust Room of the Excelsior Hotel
> R.S.V.P.

MODELO 8-8 Convite II

Jaco Films, Inc.
1120 Avenue of the Americas, New York, New York 10036

January 3, 2000

Dear

In a few weeks, JACO will proudly release its new featurelength film, <u>The Purchase</u>, starring Amanda Theriot in her first appearance in seventeen years.

A special preview showing of <u>The Purchase</u>, for friends of Ms. Theriot and of JACO Films, will be held on January 19, at 8 P.M., at the Regent Theater on Broadway and 52nd Street.

You are cordially invited to attend this preview. Admission will be by ticket only, which you will find enclosed. Following the film, refreshments will be served.

Sincerely yours,

O convite formal deve conter, além do mais, a menção R.S.V.P. Essa é a abreviatura de *répondez s'il vous plaît* – "responda, por favor" –, ou seja, "Por favor, avise se pretende comparecer". Também é possível usar a indicação "Regrets Only", que equivale a uma solicitação de que aqueles que não podem comparecer avisem com antecedência.

Avisos

Os avisos podem ser considerados uma modalidade mais próxima das relações públicas do que as cartas comerciais sociais. Podem ter a forma de comunicado, anúncio ou carta promocional. Mas os *avisos formais* lembram os convites no tom e no feitio. Aliás, a combinação de aviso formal e convite (modelo 8-10) não é um tipo incomum de correspondência.

Eventos comerciais, como as inaugurações (veja o modelo 8-9), fusões e promoções (modelo 8-11), podem ser tema de avisos formais e informais.

MODELO 8-9   Aviso formal

Dr. Richard Levine
announces the opening of his office
for the practice of pediatric medicine
1420 North Grand Street
Suite 1B
Miami, Florida
(402) 889-7626

MODELO 8-10 Combinação aviso–convite

The ALDO Corporation
is pleased to announce the appointment of
Ms. Firuz Darkhosh
as its new executive vice-president
and requests the pleasure of your company
at a reception in her honor
Friday, the twelfth of April
at four o'clock
The President's Suite Room 510

MODELO 8-11 Aviso informal

TO: All Personnel

FROM: George Hart, President

DATE: April 3, 2000

SUBJECT: The New Executive Vice-President

We are please to announce the appointment of Ms. Firuz Darkhosh to the position of executive vice-president.

Ms. Darkhosh has been with ALDO for eight years, first as assistant manager of marketing and then, for the past five years, as manager of marketing. She attended Baruch College and Pace University, where she earned a master's degree in business administration.

I'm sure you will all join me in extending hearty congratulations to Ms. Darkhosh and best wishes for her future here at ALDO.

GH

CORRESPONDÊNCIA NA PRÁTICA

Para cada uma das situações sociais descritas, escreva a correspondência correta para as relações comerciais.

a. Você é assistente administrativo do presidente da Burton and Doyle, Inc., 355 Bond Street, Oshkosh, Wisconsin 54901. Seu chefe, o sr. Arthur J. Burton, pede a você que escreva uma carta de felicitações, que ele assinará, para Theodore Manning, 72 North Eden, La Crosse, Wisconsin 54601, gerente nomeado "Pai do Ano" pelo La Crosse Boy Scouts Council.

b. Você é funcionário da American Associates, Inc., 2870 North Howard Street, Philadelphia, Pennsylvania 19122. Sua chefe, Jacqueline Austin, 450 Poplar Street, Hanover, Pennsylvania 17331, não tem vindo trabalhar há alguns dias e você acaba de saber que a mãe dela morreu. Como a sra. Austin não virá ao trabalho por uma ou duas semanas, escreva uma carta de condolências para ela.

c. Você trabalha há anos para a Lederer, Lederer and Hall, 407 East 23 Street, New York, New York 10013. No décimo aniversário de sua contratação, realiza-se no escritório uma festa em sua homenagem, e o sr. Gerald Hall o presenteia com um relógio de pulso como sinal do apreço da firma. Escreva uma carta ao sr. Hall agradecendo a ele e a todos na empresa pela festa e pelo presente.

d. A Merchants Insurance Company of Tucson realizará seu banquete anual em 8 de setembro, às 19 horas. O local será a Sala Dourada do Barclay Country Club, 700 Country Club Road, Tucson, Arizona 85726. Elabore um convite *formal* que a companhia possa enviar a todos os seus executivos. Inclua um pedido de resposta até 24 de agosto.

e. Angela May, filha do sr. e da sra. Andrew Lopato, nasceu no Community General Hospital, em 9 de fevereiro, às 7 horas, e pesou três quilos e cem gramas. Prepare o aviso *formal* que o casal Lopato usaria para informar os amigos e parceiros comerciais sobre o nascimento de Angela.

9 Correspondência de emprego

De todos os tipos de correspondência abordados neste livro, talvez nenhum deles seja mais importante para sua carreira do que as cartas que você escreve para se candidatar a um emprego. A carta de candidatura ao emprego e o currículo que segue anexo, se forem bem formulados e bem escritos, desempenham um papel muito importante na conquista do emprego que você deseja.

Antes de escrever o currículo ou preparar a carta de candidatura, pense sobre si mesmo, pois a correspondência deve dar ao empregador uma imagem favorável – e desejada – da sua personalidade, sua formação e suas experiências.

Um bom modo de começar é fazer uma lista de informações, em qualquer ordem, como lhe vierem à cabeça, tais como:

 Empregos anteriores
 Escolas que freqüentou
 Áreas de especialização
 Cursos especiais
 Atividades extracurriculares
 Associações que você tenha tido
 Prêmios e distinções
 Atividades esportivas
 Idiomas
 Interesses
 Habilidades especiais

Tente incluir na lista qualquer INFORMAÇÃO que ajude o empregador a perceber seu *valor* como funcionário.

Quando você estiver satisfeito com a lista, reescreva-a, separando as informações em categorias. Ela servirá de esboço para o momento de escrever o currículo e a carta de candidatura ao emprego.

O currículo

O *currículo*, também chamado *curriculum vitae*, é um PERFIL de tudo o que você pode oferecer ao possível empregador (veja os modelos 9-1, 9-2 e 9-3). É uma apresentação das suas qualificações, da sua formação e das suas experiências, dispostas de modo a convencer o funcionário da empresa a conceder-lhe uma entrevista.

Seu currículo, com a carta de candidatura, é a primeira impressão que você transmite ao empregador. Por esse motivo, deve parecer PROFISSIONAL e realçar os traços que você quer demonstrar ao empregador.

Em primeiro lugar, o currículo *deve* ser IMPRESSO em papel encorpado tamanho ofício. É aceitável enviar fotocópias, mas elas devem ser PERFEITAS e parecer originais. Pode-se conseguir isso em uma boa fotocopiadora, que faça reprodução em papel encorpado. Quando seu currículo estiver atualizado e as novas experiências tiverem sido acrescentadas, REIMPRIMA tudo. *Nunca* mande um currículo com anotações espremidas escritas a mão ou mesmo digitadas. A aparência seria de desleixo, falta de organização e preguiça.

O currículo deve ter uma aparência de ORDEM: as margens devem ser largas e equilibradas. Os títulos devem destacar-se (por exemplo, ser sublinhados, em maiúsculas ou em negrito) e ser ALINHADOS.

As informações do seu currículo devem ser PRECISAS e COMPLETAS, baseadas em fatos. (Você poderá *comentar* esses fatos na sua carta de candidatura.) Como você está apresentando esses fatos na forma de *tópicos*, a informação é dada em frases curtas.

Atualmente, é preferível limitar o currículo a *uma página*. Portanto, você deve selecionar bem as informações e distribuí-las adequadamente.

Olga Godunov
2500 North Fruitridge Road
Terre Haute, Indiana 47811
(519) 772-1248

CAREER OBJECTIVE:
To obtain a position as an executive secretary with a large corporation.

WORK EXPERIENCE:

March 1993 to Present	Secretary, the Benlow Corporation. 620 West Second Street, Terre Haute, Indiana. Responsible for general running of the office of a small private firm; duties included typing, filing, billing, answering telephones, scheduling appointments, etc.
October 1991 to March 1993	Receptionist, Dr. Mark Roan, 702 South Fulton Street, Berne, Indiana.
January 1991 to October 1991	File Clerk, Ajax Insurance Company, 277 Westgate Avenue, Berne, Indiana.

EDUCATION:
Judson Secretarial School, Berne, Indiana. September 1990-January 1991. Courses in typing, filing, Gregg shorthand, and business machines operation.

Central High School, Berne, Indiana. Diploma, June 1990.

SPECIAL SKILLS:
Typing-70 w.p.m.
Shorthand-120 w.p.m.
Languages-French
Computers-IBM WordPerfect, Microsoft Word, QYX Level IV

REFERENCES:

Ms. Alba Cruz, Owner
The Benlow Corporation
620 West Second Street
Terre Haute, Indiana 47814
(519) 793-8686

Dr. Mark Roan
702 South Fulton Street
Berne, Indiana 46711
(777) 803-9171

Ms. Sarah Cohen, Instructor
Judson Secretarial School
141 River Road
Berne, Indiana 46781

MODELO 9-2 Currículo II

Arnold Stevens • 25-92 Queens Boulevard, Bayside, NY 11202 • (212) 884-7788

Career Objective
An entry-level position in the travel industry

Education
The Bowker Business Institute, 600 Fifth Avenue, New York, New York 10011
    Associate degree, June 1997
    Major: Travel and Tourism
    Courses included: The World of Travel
                            Reservations and Ticketing
                            World Geography
                            Salesmanship
                            Business Management
                            Accounting 1
                            Travel Sales and Services
                            Travel Industry Organization

Bayside High School, Bayside, New York
    Diploma, June 1995
    Technical courses included: Typing
                                          Bookkeeping

Work Experience
Sales Assistant   M & M Shoe Store, 70-19 Lefferts Boulevard,
                      Bayside, New York 11202
                      September 1995 to present

Stock Clerk   Same as above
                September 1994 to September 1995

Skills
Typing: 50 w.p.m.
Language: Spanish
Computer: Sabre

References
References will be furnished on request.

Nicolas Balaj
201 New Oak Street
Newark, New Jersey 07555
(201) 885-8855

CAREER OBJECTIVE

Sales Management: a position utilizing experience in sales and supervision

SKILLS

- Over 11 years in sales and sales management
- Documented success developing both leads and long-term business relationships
- Experience developing "team" environment, training, and motivating sales staff

WORK EXPERIENCE

Summit & Storch   Sales Supervisor
Newark, New Jersey   1991-present

- Supervise staff of 12 salespeople: hire and train new representatives, set quotas, assign leads, manage budgets, plan presentations
- Increased sales from $350,000 to $1,100,000; directed opening of southern office (Atlanta, GA); established relationships with major manufacturers (including Whirlpool, Maytag, and General Electric)

S.G. Walters   Sales Representative
Trenton, New Jersey   1986-1991

- Conducted sales of wide product line to major distributors in tri-state region
- Participated in product development and presentation planning
- Increased territory sales by 75%

EDUCATION

Rutgers University   B.A.–Marketing
Rutgers, New Jersey   1986

MISCELLANEOUS

- Fluent in Spanish
- Member SRBA since 1987
- Willing to travel or relocate

A partir da lista inicial, escolha as informações que você quer que o empregador saiba. Elimine aquelas que você prefere que ele não tome conhecimento. Além disso, leve em conta o que o empregador gostaria de saber sobre você. (Deixe de lado as informações que ele poderia considerar dispensáveis.) Se não for importante para o emprego, não mencione suas convicções religiosas ou políticas. Sem dúvida alguma, exclua informações negativas, como ações judiciais. NÃO revele por que motivo você saiu de empregos anteriores. NÃO FAÇA críticas aos empregadores anteriores (no currículo ou durante a entrevista)! E, claro, NÃO minta!

Ao tomar essas decisões, esteja atento à especificidade do cargo para o qual está se candidatando. Que informações da lista o qualificam para o trabalho? São *essas* as informações que você deve enfatizar em seu currículo.

Depois de reduzir sua lista, refaça-a, dispondo as informações em uma seqüência lógica.

Agora você está pronto para finalizar seu currículo. No cabeçalho do documento, digite seu nome e número de telefone (incluindo o DDD). Essas informações podem ser centralizadas ou alinhadas na margem esquerda. Em ambos os casos, tais dados bastam para o cabeçalho. (É desnecessário usar a palavra "Currículo".)

O restante do currículo é composto pelas informações de sua lista, categorizadas e digitadas sob títulos. Alguns títulos recomendados são:

- Objetivos de trabalho (ou de carreira)
- Formação educacional e/ou cursos
- Prêmios e distinções recebidos
- Experiência de trabalho
- Atividades correlatas ou extracurriculares
- Habilidades especiais
- Dados pessoais
- Referências

Você não precisa usar todas as categorias; utilize as que tiverem relação com as informações de sua lista. Além disso, a ordem utilizada para listar as categorias é variável. Relacione primeiro seus pontos fortes ou, se for o caso, os dados mais relevantes para o emprego em questão.

Por exemplo: se você tem pouca experiência profissional, mas fez cursos intensivos, coloque FORMAÇÃO em primeiro lugar. Por outro lado, se a faculdade que você cursou não for tão conceituada mas você teve empregos importantes, comece pela EXPERIÊNCIA PROFISSIONAL.

Nota:
> É comum elaborar o currículo com base nas habilidades profissionais. O CURRÍCULO FUNCIONAL lista suas qualificações em ordem de importância para o emprego em questão, explicando em um parágrafo curto o que você fez para adquiri-las ou comprová-las. ESTEJA ATENTO para o fato de que muitos empregadores desconfiam desses currículos, pois eles não mostram sua carreira cronologicamente e podem, portanto, esconder experiências profissionais esporádicas ou irregulares.

Examinemos alguns dos tópicos mais detalhadamente.

Objetivo de trabalho • Muitos consultores recomendam que se coloque essa informação em primeiro lugar, logo depois de seu nome e endereço. Mencionar um objetivo claro transmite a impressão de que você é uma pessoa decidida e motivada. Por outro lado, muitas empresas dão preferência a candidatos com objetivos flexíveis. Portanto, leve em conta a possibilidade de colocar nesse tópico uma definição genérica como "Participar de curso de administração" ou "Cargo inicial em contabilidade".

FORMAÇÃO • Relacione, em ordem cronológica decrescente (ou seja, primeiro as mais recentes), as escolas que você freqüentou, fornecendo o nome das instituições, o período em que você estudou e os diplomas ou títulos obtidos. (Se você tem nível superior, não mencione os dados a respeito do ensino médio, a não ser que essa formação seja importante para o emprego que você busca.) Enumere também todos os cursos relacionados com o emprego desejado. (Se você freqüentou alguma escola mas não se formou, inclua tal informação, mas não se esqueça de especificar as disciplinas especiais que você cursou.)

EXPERIÊNCIA DE TRABALHO • Entre EXPERIÊNCIA DE TRABALHO e FORMAÇÃO, você deve incluir *todo* o período desde o ensino médio. (Conta, sim, como TRABALHO o fato de ter sido esposa e mãe durante oito anos: você planejou e cumpriu o orçamento, cuidou da casa e dos filhos – pense nas responsabilidades que você teve.) Trabalhos temporários ou de férias, assim como trabalho voluntário, devem ser incluídos. (Você não precisa ter recebido dinheiro para adquirir uma habilidade valiosa.)

Cada experiência de trabalho deve ser exposta (de novo, o trabalho mais recente vem em primeiro lugar), com sua função ou cargo, o nome e o endereço do empregador (e, de preferência, o número do telefone), as datas do emprego e uma breve descrição das incumbências.

NOTA:
Se você serviu nas forças armadas, coloque essa informação em EXPERIÊNCIA DE TRABALHO ou em um tópico à parte. Não se esqueça de informar qual foi a arma, as datas, os serviços especiais e a mais alta patente conquistada.

Atividades extracurriculares e Habilidades especiais • Nesses tópicos, você pode relacionar quaisquer informações que não digam respeito a FORMAÇÃO ou EXPERIÊNCIA DE TRABALHO, mas revelem um aspecto importante de seu valor para o empregador. Por exemplo, se você sabe datilografar e transcrever textos ditados, mas nunca teve um cargo de secretário ou secretária, é nesse tópico que você deve informar sua destreza. Se você sabe lidar com máquinas especiais ou falar uma língua estrangeira, dê essas informações também.

Do mesmo modo, se você foi tesoureiro de um clube, é muito importante mencionar sua experiência em lidar com dinheiro e as incumbências que teve. Na verdade, é bom informar qualquer participação em associações e atividades desse tipo, porque ajudam a formar a imagem de uma pessoa completa e indispensável.

Dados pessoais • Inclua aqui INFORMAÇÕES essenciais, como concessões ou certificados que você tenha. Por outro lado, não é necessário relacionar informações como idade, altura, peso, saúde e estado civil. Aliás, a legislação proíbe os empregadores de fazer discriminação de raça, religião e sexo. Por esse motivo, alguns consultores aconselham a omitir esta categoria.

No entanto, se um dado pessoal for realmente importante para o emprego que você procura, vale a pena mencioná-lo (é melhor usar um tópico como DIVERSOS do que DADOS PESSOAIS). Por exemplo, ter um parente empregado na mesma área pode indicar que você entende bem as responsabilidades do serviço, e também suas vantagens e desvantagens; ou ter ótima saúde pode ser importante para um emprego que exija muito preparo físico ou mesmo um expediente longo ou irregular.

REFERÊNCIAS • A *última* seção do currículo consiste em uma lista de pessoas que confirmem sua capacidade e experiência. Ex-chefes e professores (principalmente professores de disciplinas relacionadas com o emprego) são as melhores referências. Amigos e religiosos podem ser usados como referências de *pessoas*, mas a palavra deles com relação à sua qualificação terá pouca influência.

Cada referência deve ser relacionada pelo nome, cargo ou função, endereço comercial e número de telefone. Recomenda-se usar um mínimo de três referências. Por outro lado, nesse tópico você pode dizer simplesmente "Referências fornecidas quando solicitadas", se você preferir dar ao possível empregador cópias de cartas de referência preparadas com antecedência.

NOTA:
> Não deixe de pedir autorização a cada pessoa que você quiser mencionar como referência. Além disso, mesmo que alguns empregadores prefiram falar diretamente com as referências, é bom ter uma carta de referência de cada uma das pessoas para guardar com você. (As empresas podem mudar de endereço ou abrir falência; as pessoas podem mudar de residência, aposentar-se ou morrer; ou ainda, depois de alguns anos, você pode ter sido esquecido!)

Um alerta final

De uns anos para cá, têm proliferado empresas ou pessoas que preparam currículos e cartas de candidatura ao emprego (e cobram por isso). Os serviços vão da simples formatação e impressão do currículo que você mesmo escreveu a entrevistas detalhadas, para analisar suas habilidades e poder elaborar e imprimir seu currículo. Alguns até o enviam para diversos lugares.

Esses serviços valem a pena se você tiver dificuldade de organizar os dados da sua carreira. Uma entrevista poderá ajudá-lo a pensar em suas qualificações de uma maneira inteiramente nova. No entanto, a desvantagem de contratar um redator para preparar o seu currículo é que ele vai transmitir exatamente essa impressão – de que foi feito por um profissional! Por ficar claro que você pagou a uma pessoa para preparar o seu currículo, o possível empregador pode duvidar da sua capacidade, principalmente se você pretende um emprego que exija habilidade em organização, comunicação, oratória ou informática.

Talvez o melhor seja você mesmo elaborar o currículo em um computador. Existem programas que fornecem modelos para dispor suas informações em vários formatos, simplificando a organização das informações e produzindo cópias impressas perfeitas.

Cartas de candidatura a emprego

Uma *carta de candidatura* é uma *carta de venda* na qual você é tanto o vendedor quanto o produto, pois o objetivo de se candidatar é *chamar a atenção* do empregador e *persuadi-lo* a conceder-lhe uma entrevista. Para chegar a isso, a carta deve mostrar o que você pode oferecer ao empregador, e não o que você espera do emprego.

A carta de candidatura funciona como uma CARTA ANEXA ao seu currículo. Como o currículo, é uma *amostra do seu trabalho* e, além do mais, uma oportunidade de *demonstrar* suas habilidades e sua personalidade, e não simplesmente falar delas. Se for escrita com tato e perspicácia e preparada com o cuidado de um profissional, é bem provável que atinja o objetivo.

Há dois tipos de carta candidatando-se ao emprego. Envia-se uma carta EXIGIDA em resposta a um anúncio de emprego (veja, por exemplo, o modelo 9-4). Como essa carta terá várias concorrentes, talvez muitas centenas, deve ser diferente. Ao mesmo tempo, precisa mencionar o anúncio e o emprego oferecido.

A carta ESPONTÂNEA (modelo 9-5) pode ser enviada à empresa para a qual você gostaria de trabalhar, ainda que saiba que não há oferta de emprego. A vantagem desse tipo de apresentação é que quase não haverá concorrência e você poderá indicar o cargo a que gostaria de se candidatar. Além disso, pode enviar quantas cartas quiser, para as diversas empresas de que tenha conhecimento. É bom, no entanto, conseguir o nome da pessoa indicada para receber a carta – uma iniciativa mais eficaz do que endereçar a carta a "Senhores".

Sua carta de candidatura deve *transmitir uma impressão* tão boa quanto seu currículo e ser escrita com o mesmo cuidado em papel tamanho ofício. Para isso, mais uma vez, pode ser interessante recorrer a uma loja que faça fotocópias.

Como a carta de candidatura precisa vender suas qualificações, ela deve mais do que simplesmente repetir o currículo em texto corrido. Se o currículo deve ser factual, objetivo e breve, a carta é sua oportunidade de fazer uma análise mais ampla. Deve afirmar objetivamente qual a relação de sua experiência com o emprego e enfatizar suas características mais fortes e mais pertinentes.

A carta de candidatura deve transmitir ambição e entusiasmo. Mas deve, ao mesmo tempo, ser *modesta*. Não deve ser nem impositiva nem submissa; não deve ser vaidosa nem pedir compreensão. *Nunca* deve manifestar insatisfação com o emprego ou o chefe atual ou anterior. Evite mencionar o motivo de sua saída do último emprego. (Se lhe

2500 North Fruitridge Road
Terre Haute, Indiana 47811
March 1, 2000

Mr. Ikuo Saito, Vice-President
Indiana Gas and Electric Company
1114 Broad Street
Terre Haute, Indiana 47815

Dear Mr. Saito:

Having served for the past several years as the sole secretary of a private business, I would like to apply for the position of executive secretary that you advertised in the Terre Haute <u>Gazette</u> of Sunday, February 28, 2000.

As secretary to the Benlow Corporation here in Terre Haute, I was directly responsible to Ms. Alba Cruz, the company's owner. My services were generally those of a "gal Friday." In addition to the usual typing, filing, and taking dictation, I was responsible for scheduling all of Ms. Cruz's appointments, screening her telephone calls and visitors, and organizing her paperwork and correspondence.

Essentially, I did everything I could to make Ms. Cruz's heavy responsibilities easier. Thus, I am familiar with the duties of an executive secretary and believe I am prepared to anticipate and meet all your expectations. I am confident, too, that, with enthusiasm and sincere effort, I can make the transition from a small business to a large corporation smoothly.

I would appreciate your giving me the opportunity to discuss my qualifications in person. I would be happy to come for an interview at your convenience, and I can be reached after 5:00 P.M. at 772-1248.

Sincerely yours,

MODELO 9-5 Carta de candidatura a emprego II

25-92 Queens Boulevard
Bayside, New York 11202
June 15, 2000

Ms. Loretta Vasquez
The Vasquez Travel Agency
1402 Broadway
New York, New York 10032

Dear Ms. Vasquez:

This month I completed a two-year course of study in Travel and Tourism at the Bowker Business Institute, and my placement counselor, Mr. Robert Feiner, suggested I apply to you for a position as assistant travel agent.

As you will see from my enclosed resume, I have taken courses in nearly every aspect of the travel industry. I have participated in workshops simulating computer and telephone operations, and I have had extensive practice in ticketing and reservations.

My work experience, moreover, has helped me develop an ability to deal with the public, a valuable asset for a travel agency. Not only as a sales assistant, but even as a stock clerk, I have learned to be customer oriented; I have found that courtesy and a smile keep business flowing smoothly.

I would like very much, Ms. Vasquez, to put my skills to work for your travel agency. I am available for an interview Monday through Friday during business hours. You can reach me at (718) 555-7788.

Yours truly,

201 New Oak Street
Newark, New Jersey 07555
May 1, 2000

Mr. Noah Dylan
Personnel Manager
Greenwich Corporation
87-91 Partition Street
Hattiesburg, Mississippi 39411

Dear Mr. Dylan:

To explore the possibility of joining your company, I am enclosing my resume for your consideration. Gina Bassano of your Marketing Division suggested I contact you.

Several years as Sales Supervisor at Summit & Storch have afforded me management skills that would prove highly valuable to an industry leader such as Greenwich Corporation. I am willing to relocate and, through my experience establishing a sales office in Atlanta, I am familiar with the southern market.

I would be happy to travel to Hattiesburg for an interview and so will call you at the end of the month. Please feel free to call me before then should you have any questions about my qualifications.

Sincerely yours,

Nicolas Balaj

perguntarem isso na entrevista, sua resposta deve ser sincera, otimista e favorável a si mesmo.)
Quando escrever a carta de candidatura, lembre-se dos principais pontos de uma carta de venda:

1 • *Primeiro, desperte o interesse*. Você deve dizer, claro, que está se candidatando e mencionar o emprego oferecido e como soube dele (ou, no caso de uma carta espontânea, o porquê do seu interesse nessa empresa). Mas tente evitar uma abertura comum. Em vez de:

> I would like to apply for the position of legal secretary which you advertised in the *Los Angeles Times* of Sunday, August 10, 2000.

tente algo *um pouco* mais original:

> I believe you will find that my experiences in the Alameda District Attorney's office have prepared me well for the position of legal secretary which you advertised in the *Los Angeles Times* of Sunday, August 10, 2000.

2 • *Prossiga descrevendo suas qualificações*. Destaque seus pontos fortes e suas realizações e *diga* como eles colaboram para o cargo em questão. Dê detalhes e explicações (até cite rapidamente algum caso) que não se encontram em seu currículo e remeta o leitor para ele, a fim de conhecer as informações restantes, menos importantes para o cargo.

3 • *Garanta ao empregador que você é a pessoa certa para o cargo*. Relacione informações que comprovem que você não está nem exagerando nem mentindo. Mencione as referências que você tenha de pessoas conhecidas ou destacadas. Tente distinguir-se de algum modo da multidão de candidatos qualificados.

4 • *Termine pedindo uma entrevista*. Sem ser impositivo, facilite a decisão do empregador de entrar em contato

com você. Cite o número do seu telefone (mesmo que conste do seu currículo) e o melhor horário para encontrá-lo, ou diga que lhe telefonará em alguns dias. (Lembre-se de que, enquanto alguns empregadores acham louvável o telefonema complementar, outros podem considerá-lo insistente e desagradável. Use o seu discernimento.)

Uma apresentação completa deve conter tanto a carta quanto o currículo. Ao mesmo tempo que se pode escrever uma carta com tantos detalhes que o currículo pareça redundante, é sempre mais adequado profissionalmente enviar os dois.

É melhor NÃO enviar cópias de cartas de referência ou de diplomas escolares. Elas podem ser entregues mais tarde, se lhe concederem uma entrevista. Na mesma linha de raciocínio, não mande sua fotografia. Quanto mais curta a apresentação, melhor.

Uma última palavra sobre o salário: no fundo, é melhor não tocar no assunto, a não ser que lhe peçam no anúncio. Na verdade, mesmo que o anúncio lhe peça sua pretensão salarial, é aconselhável simplesmente dizer "a combinar". No entanto, quando você for a uma entrevista, prepare-se para mencionar uma faixa salarial (como, por exemplo, $20,000 a $25,000). Por esse motivo, você precisa informar-se tanto sobre sua área quanto, se possível, sobre a empresa. Ninguém quer pedir menos do que merece ou mais do que o razoável.

Cartas complementares

Atualmente, poucas pessoas enviam uma *carta complementar* (modelo 9-7) depois de uma entrevista. Justamente por isso, ela pode ser muito apropriada.

MODELO 9-7 Carta complementar

25-92 Queens Boulevard
Bayside, New York 11202
June 25, 2000

Ms. Loretta Vasquez
The Vasquez Travel Agency
1402 Broadway
New York, New York 10032

Dear Ms. Vasquez:

Thank you for allowing me to discuss my travel qualifications in person.

Having met you and Mrs. DeLoia and seen your agency in operation, I sincerely hope I will have the chance to put my training to work for you.

Enclosed is a copy of my transcript from the Bowker Business Institute, along with the letters of reference you requested. I can be reached at (718) 555-7788 during regular business hours.

Sincerely yours,

A carta complementar deve ser *educada* e *curta*. Deve apenas agradecer o empregador pela entrevista e reafirmar o interesse no trabalho. Refira-se a um bom momento da entrevista para dar um toque pessoal.

Cartas de referência e recomendação

É pequena a diferença entre as cartas de referência e as de recomendação. A *recomendação* (modelo 9-9) é uma indicação, enquanto a *referência* (modelo 9-8) é apenas um relato. A recomendação é persuasiva, e a referência confirma informações.

Ambos os tipos de carta começam da mesma maneira. Devem conter:

1 • uma declaração do propósito da carta;

2 • um relato das responsabilidades assumidas pelo candidato ou das qualificações gerais dele.

A carta de recomendação acrescenta mais um item: uma frase final *recomendando* explicitamente o candidato ao cargo em questão.

> NOTA:
> Antes de escrever uma carta de referência ou de recomendação, verifique se sua empresa tem alguma diretriz que as proíba (para evitar eventuais processos ou queixas). Se escrever uma dessas cartas, tenha o cuidado de anotar tanto no envelope quanto na carta "Confidencial", para proteger a si mesmo e ao candidato.

MODELO 9-8   Carta de referência

m&m shoe store

70-19 Lefferts Boulevard
Bayside, New York 11202

June 17, 2000

Ms. Loretta Vasquez
The Vasquez Travel Agency
1402 Broadway
New York, New York 10032

Dear Ms. Vasquez:

I am happy to provide the information you requested regarding Arnold Stevens, with the understanding that this information will be kept confidential.

Mr. Stevens has been a stock clerk and then a sales assistant in my store since September 1994. He has always been willing to work odd hours, including weekends and holidays, and has proven to be a hardworking and trustworthy employee.

Sincerely yours,

Otto Munson
Proprietor

BBI The Bowker Business Institute

600 Fifth Avenue New York, NY 10011

June 17, 2000

Ms. Loretta Vasquez
The Vasquez Travel Agency
1402 Broadway
New York, New York 10032

Dear Ms. Vasquez:

Arnold Stevens was a student in three of my travel courses during the 1996-97 school year. He was always an outstanding student.

Mr. Stevens demonstrated his thorough grasp of the subject matter in his class performance as well as written work. His assignments were always executed with conscientiousness and punctuality. Moreover, he was an enthusiastic participant in class discussions and helped to make the courses rewarding experiences for everyone else involved.

Therefore, I can recommend Mr. Stevens, without hesitation, for the position of assistant in your travel agency.

Yours truly,

Jack Adler
Instructor

Recusa de oferta de emprego

Um candidato de sorte pode se ver na situação de escolher entre várias ofertas de emprego. Ou talvez o emprego oferecido não atenda à necessidade e às expectativas do candidato. Em tais situações, uma carta gentil e modesta recusando o emprego pode preservar um contato comercial valioso e deixar aberta a possibilidade de um futuro emprego.

Modelo 9-10 Carta de recusa de emprego

25-92 Queens Boulevard
Bayside, New York 11202
July 1, 2000

Mr. Paul Nguyen
Nguyen Travel Associates
1133 Third Avenue
Flushing, New York 11217

Dear Mr. Nguyen:

Thank you for taking time to discuss with me both my career goals and the needs of your organization. I appreciate your offering me a position as receptionist.

Unfortunately, I must decline your offer at this time. As I mentioned when we met, I am eager to put my newly acquired travel agent skills to work and would like to begin as an assistant travel agent.

I am, nevertheless, disappointed that we will not be working together. I hope you will understand my decision.

Yours truly,

Rejeição de candidato a emprego

Todo empregador precisa enfrentar a situação desagradável de rejeitar candidatos a um emprego. Se a procura de um novo funcionário foi feita corretamente, haverá grande número de candidatos rejeitados. Apesar de uma carta explicando os motivos da rejeição ser profissional e preferível, geralmente se usa uma carta padrão para rejeitar todos os candidatos malsucedidos.

Modelo 9-11   Carta de rejeição de candidato

Ahmed Abudan Travel, Inc.

312 Lexington Avenue
New York, NY 10021

July 2, 2000

Dear

I am sorry to inform you that we have filled the position of assistant travel agent for which you recently applied.

Please be assured that your qualifications were thoroughly reviewed, and it was only after careful consideration that we offered the position to the candidate whose experience and career goals were most compatible with the direction of our organization.

Thank you for your interest in Abudan Travel. We wish you success in your career.

Yours truly,

Cartas de demissão

Entrar em um emprego novo geralmente significa pedir demissão do anterior. É bom conversar pessoalmente com o seu chefe, mas também é aconselhável demitir-se por escrito. Como as cartas de rejeição, as de demissão devem transmitir uma mensagem ruim do modo o mais positivo possível. Mesmo que você esteja contente de ir embora e não goste do seu chefe, sua carta de demissão deve expressar pesar, mas não raiva. Assegure-se de:

1 • declarar que a carta é de demissão, mencionando a data em que você sairá;

2 • manifestar satisfação com o emprego e/ou pesar em sair;

3 • oferecer ajuda em qualquer trabalho que você deixe sem concluir ou auxílio à pessoa que ficará em seu lugar.

Você pode mencionar o motivo da sua saída (como uma oportunidade de crescimento), mas isso é opcional.

Lembre-se de que sair de um emprego em boa situação é o melhor a fazer. Mesmo que você não pense em retornar, talvez precise de referências em um emprego futuro. (É até possível que seu chefe saia da empresa e acabe trabalhando com você algum dia!) Portanto, faça uma carta de demissão civilizada e breve.

Cartas de apresentação

As *cartas de apresentação* (modelo 9-13) são diferentes, mas não inteiramente distintas das cartas para emprego. São escritas para um parceiro comercial em nome de terceiros (como um funcionário ou um cliente). Escreve-se uma carta desse tipo quando um conhecido seu gostaria de ter relações comerciais com outra pessoa que você conhece.

201 New Oak Street
Newark, New Jersey 07555
June 12, 2000

Mr. Seamus O'Toole
President
Summit & Storch
875 Davidson Street
Newark, New Jersey 07501

Dear Mr. O'Toole:

My eleven years at Summit & Storch have been rewarding, so it is with regret that I must submit my resignation, effective June 26, 2000.

A management opportunity has arisen, and I feel I must pursue it. Still, I shall always appreciate the support and encouragement you have shown me.

I am prepared to remain at my duties for the next two weeks to ease the transition for my successor. Please let me know if this is acceptable.

Sincerely yours,

Nicolas Balaj

MODELO 9-13   Carta de apresentação

The Vasquez Travel Agency

1402 Broadway
New York, New York 10032

May 20, 2000

Mr. Jonathan Vecchio
Alpine Leisure Village
Aurora, Colorado 80707

Dear Jonathan:

Arnold Stevens has been my assistant for the past year, and he is currently touring the Denver-Aurora area.

So that he may knowledgeably inform our clients of the many delights of Alpine Leisure Village, I would greatly appreciate your giving him a tour of your facilities when he visits.

With much appreciation,

Loretta Vasquez

A carta de apresentação deve incluir três pontos:

1 • a relação entre você e a pessoa "apresentada";
2 • o motivo de apresentá-la ao destinatário;
3 • o que você (ou ela) gostaria que o leitor fizesse por ela.

A carta de apresentação é uma espécie de mistura da carta de solicitação com a de referência. Deve ser escrita com *educação*.
Em geral, a carta de apresentação é dada à pessoa que está sendo apresentada, a qual, por sua vez, entrega a carta pessoalmente. No entanto, costuma-se enviar com antecedência uma cópia da carta, junto com uma carta de esclarecimento (e menos formal), para que o destinatário saiba da visita antecipadamente.

CORRESPONDÊNCIA NA PRÁTICA

Prepare sua correspondência de emprego de acordo com as seguintes instruções:

a. Faça uma lista de todas as informações sobre sua personalidade, formação e experiência. Depois, coloque os tópicos em ordem lógica e decida em que categorias você agrupará as informações. Com esse esboço, elabore seu currículo.

b. Imagine um emprego ideal ao qual você gostaria de se candidatar. Pensando nele, escreva uma carta espontânea candidatando-se a uma possível vaga e peça uma entrevista.

c. Agora, imagine que lhe ofereceram o emprego ideal. Escreva uma carta de demissão para o chefe atual.

10 Correspondência interna

As cartas apresentadas até aqui eram, na maior parte, destinadas a pessoas de fora da empresa. Por serem mensagens para clientes e outros parceiros comerciais, elas dão grande ênfase ao estímulo dos negócios e à colaboração. Mas as pessoas que trabalham em uma empresa precisam comunicar-se freqüentemente entre si por escrito. O propósito fundamental da *correspondência interna* é trocar informações.

O memorando interno

Apesar de o uso de computadores próprios ter reduzido a necessidade de se comunicar por meio de papel na empresa, ela ainda existe. A comunicação pode começar na tela do computador ou por telefone, ou até pessoalmente, mas "pôr o preto no branco", para que fique registrado, é sempre uma precaução sensata contra equívocos futuros. Esse tipo de texto chama-se memorando interno.

Os *memorandos* são uma forma comumente usada em mensagens *breves* e relativamente *informais* entre pessoas de uma mesma organização (veja os modelos 10-1 e 10-2). O memorando constitui uma forma simplificada e padronizada para transmitir informações *concisas*. Entre os vários usos dos memorandos, estão os avisos e as instruções, as diretrizes da empresa e os relatórios informais.

Como os memorandos são geralmente utilizados entre pessoas que têm um relacionamento de trabalho freqüente, seu *tom* costuma ser mais informal do que o de outras cartas comerciais. É admissível, por exemplo, a presença do

Modelo 10-1 Memorando interno I

C.P. Dalloway & Sons

Interoffice Memo

TO: Charles Dalloway, Jr.

FROM: Clarissa Woolf

DATE: August 18, 2000

SUBJECT: Search for a New Secretary for the Legal Department

Here is the progress report you requested about our search for a new secretary.

We have now interviewed eight individuals and have narrowed our choices to three:

1. Margaret O'Connell–types 65 w.p.m., takes dictation at 120 w.p.m., is familiar with E-Z Legal software, has had five years' experience in a law office.

2. Daisy Robinson–types 70 w.p.m., takes dictation at 120 w.p.m., knows Windows 95 and QYX, has just graduated from Providence Community College (majoring in Secretarial Studies).

3. Donald Trumbo–types 65 w.p.m., takes dictation at 100 w.p.m., has experience setting up Web sites, has worked as a legal assistant for three years and taken paralegal courses at Providence Community College.

Members of the Legal Department will meet tomorrow, August 19, at 9:30 A.M., to discuss the candidates and make a decision. Your presence at the meeting (in Ms. Gray's office) is, of course, welcome.

CW

jargão da empresa nos memorandos. Da mesma maneira, quem escreve pode sempre presumir que o leitor conheça os fatos essenciais e, portanto, ir direto ao assunto sem muitas explicações. Veja, no entanto, que o grau de formalidade deve espelhar a relação entre quem escreve e quem lê.

Ao mesmo tempo, o memorando, como qualquer correspondência, deve ser elaborado com cuidado. Deve ser DATILOGRAFADO corretamente e conter informações COMPLETAS e PRECISAS; seguir as normas da língua e

Modelo 10-2 Memorando interno II

Goleta Motors, Inc.   Memo

TO: All Sales Representatives

FROM: Peter Koulikourdis

DATE: April 27, 2000

SUBJECT: Rescheduling of Monthly Sales Meeting

The May Monthly Sales Meeting has been rescheduled. Instead of Tuesday, May 3, we will meet on

       Wednesday, May 4, at 10:30 A.M.

in the Conference Room. Please mark your calendar accordingly.

               PK

manter um tom GENTIL, independentemente da familiaridade entre os correspondentes.

Ao contrário de outros tipos de cartas comerciais, o memorando NÃO é escrito em papel timbrado da empresa, nem traz endereço, saudação ou fecho. O memorando é objetivo e, aliás, muitas empresas têm impressos para torná-lo ainda mais rápido.

Haja ou não um impresso, a maioria dos memorandos usa um cabeçalho padrão: o nome da empresa a cerca de dois centímetros da margem superior, seguido da expressão "Memorando interno". Abaixo disso, usam-se quatro subtítulos básicos:

>PARA:
>DE:
>DATA:
>ASSUNTO:

(Algumas empresas também deixam um espaço para detalhes como número das seções ou ramais telefônicos.)

A linha PARA: indica o nome da pessoa a quem o memorando é enviado. Os pronomes de tratamento (como *senhor*, *senhora*, *senhorita*) são usados apenas para demonstrar respeito a um superior; funções, departamentos e número de salas podem ser incluídos para evitar confusão. Quando várias pessoas receberão cópias, pode-se acrescentar a notação CC ou usar uma forma coletiva (como "PARA: Todo o pessoal").

A linha DE: indica o nome da pessoa que está enviando o memorando. Não se deve usar um pronome de tratamento, mas se pode colocar a função, o departamento ou número do ramal por clareza e para facilitar.

A linha DATA: indica de modo usual a data em que o memorando é enviado.

A linha ASSUNTO: serve de título e, assim, deve ser curta, mas descrever inteiramente o conteúdo do memorando.

O corpo do memorando começa três ou quatro linhas abaixo do assunto. Como qualquer texto, deve ter uma disposição lógica, mas também ser CONCISO: o leitor precisa ter acesso imediato à informação. Por esse motivo, os dados são freqüentemente separados em tópicos e os parágrafos são numerados. As estatísticas devem ser apresentadas por meio de tabela.

O corpo da maioria dos memorandos pode ser dividido em três seções gerais:

A *introdução* expõe a idéia ou o propósito principal.

A *descrição detalhada* apresenta a informação transmitida.

A *conclusão* pode fazer recomendações ou exigir uma atitude.

NOTA:
> Não é comum assinar memorandos. As iniciais do remetente são digitadas no pé da mensagem ou, se se preferir, pode-se assinar com uma rubrica sobre as iniciais digitadas ou na linha DE. As iniciais de referência e o aviso da existência de anexo são escritos abaixo das iniciais do remetente, junto à margem esquerda.

Atas

Na maioria das organizações, as reuniões entre membros de departamentos ou comissões ocorrem com freqüência. Algumas reuniões são realizadas em intervalos regulares (semanal ou mensalmente); já outras são convocadas por motivos especiais. As *atas* (modelo 10-3) são um registro escrito de tudo o que ocorre em uma reunião. São feitas para ser arquivadas pela empresa, para consulta dos que estiveram presentes e para informação dos ausentes.

As atas são preparadas pelo/a secretário/a que faz anotações durante a reunião. Depois, ele ou ela faz um *rascunho*, colocando todas as informações relevantes. (Em geral, é responsabilidade do/a secretário/a decidir que afirmações ou atitudes durante a reunião são insignificantes e devem ser omitidas nas atas.)

Ao preparar atas, o/a secretário/a pode incluir integralmente as afirmações ou os documentos lidos na reunião. (As cópias são fornecidas pelo participante em questão.) As atas de reuniões *formais* (por exemplo, de grandes empresas ou órgãos governamentais), que contem com considerações jurídicas, são feitas *verbatim*, ou seja, incluem tudo o que foi dito ou feito, palavra por palavra.

O feitio das atas varia de uma organização para outra. Mas as atas de qualquer reunião devem conter certas informações fundamentais:

1 • o nome da organização;

2 • o local, a data e a hora da reunião;

3 • a regularidade da reunião (mensal, especial etc.);

4 • o nome da pessoa que a preside;

5 • as pessoas presentes (em reuniões pequenas, uma lista dos presentes e dos ausentes; em reuniões grandes, o número de pessoas);

6 • uma referência à ata da reunião anterior (uma declaração de que ela foi lida, aprovada ou revisada, ou que se dispensou a leitura);

7 • um relato de todos os relatórios, moções ou decisões apresentados (incluindo os detalhes necessários e o resultado da soma de votos);

Modelo 10-3 Ata

Minutes of the Meeting of the
CAPITOL IMPROVEMENTS COMMITTEE
The Foster Lash Company, Inc.
October 8, 2000

Presiding: Patricia Stuart

Present: Mike Negron
Sheila Gluck
Ellen Franklin
Samuel Browne
Lisa Woo

Absent: Fred Hoffman
Gina Marino

The weekly meeting of the Capitol Improvements Committee of the Foster Lash Company was called to order at 11 A.M. in the conference room by Ms. Stuart. The minutes of the meeting of October 1 were read by Mr. Negron and approved.

The main discussion of the meeting concerned major equipment that should be purchased by the end of the year. Among the proposals were these:

Ms. Woo presented information regarding three varieties of office copying machines. On the basis of her cost analysis and relative performance statistics, it was decided, by majority vote, to recommend the purchase of a CBM X-12 copier.

Mr. Browne presented a request from the secretarial staff for new typewriters. Several secretaries have complained of major and frequent breakdowns of their old machines. Ms. Franklin and Mr. Browne will further investigate the need for new typewriters and prepare a cost comparison of new equipment versus repairs.

The committee will discuss the advisability of upgrading account executives' laptop computers. The report will be presented by Sheila Gluck at the next meeting, to be held on October 15, 2000, at 11 A.M. in the conference room.

The meeting was adjourned at 11:45 A.M.

Respectfully submitted,

Ellen Franklin, Secretary

8 • a data, a hora e o local da próxima reunião;

9 • a hora do encerramento da reunião.

As atas formais contêm, além dos pormenores, o nome das pessoas que apresentaram e aprovaram moções e resoluções e o voto de cada pessoa presente.

CORRESPONDÊNCIA NA PRÁTICA

Escreva a correspondência interna apropriada para cada uma das seguintes situações:

a. Sua chefe, Penelope Louden, pediu um cronograma das férias dos funcionários que registram dados, para que ela possa decidir se deve ou não chamar substitutos durante o verão. O cronograma é este: Josie Thompkins, 1–15 de julho; Calvin Bell, 15–29 de julho; Stephen James, 22 de julho–5 de agosto; Jennifer Coles, 12–26 de agosto. Prepare um memorando para a sra. Louden informando-a do cronograma e chamando atenção para o fato de que pelo menos três desses funcionários estarão presentes ao mesmo tempo, a não ser durante a semana de 22 de julho, quando tanto o sr. Bell quanto o sr. James estarão em férias. Pergunte se ela gostaria que você arrumasse um substituto para essa semana.

b. Como secretário administrativo do presidente da Conway Products, Inc., você é responsável pelas reservas em um restaurante da cidade para a confraternização anual de Natal. Devido ao alto custo por pessoa, você gostaria de ter uma lista precisa das pessoas que comparecerão. Escreva um memorando a todos os funcionários pedindo que lhe respondam, até 1 de dezembro, se irão ou não.

c. Como secretária da Comissão de Questões Trabalhistas da Johnson Luggage Company, você deve preparar a ata da reunião mensal realizada em 23 de setembro. Na reunião, você anotou o seguinte:

1. Abertura às 16 horas, na cantina dos funcionários, pelo sr. Falk.
2. Presidindo: sr. Falk. Presentes: sr. Baum, sra. Dulugatz, sr. Fenster, sra. Garcia, sra. Penn. Ausente: sr. Sun.
3. Correção feita na minuta da reunião anterior (21 de agosto): a sra. Dulugatz, e não a sra. Penn, fará o estudo do lavatório de funcionários no depósito. Correção aprovada.
4. O sr. Fenster apresentou o resultado da pesquisa com funcionários de escritório. Consenso sobre as queixas mais freqüentes. Fenster tratará de apresentar essas queixas ao Conselho Diretor.
5. Relatório do estado dos lavatórios de funcionários no depósito apresentado pela sra. Dulugatz. Aceito com revisão de texto.
6. Encerramento às 17h15. Próxima reunião, no mesmo horário e local, em 22 de outubro.

d. Como secretária da Highridge Tenants Association, prepare a ata com as seguintes anotações feitas em uma reunião de emergência em 4 de maio de 2000.

1. Abertura às 19h30, no saguão, pela sra. Gingold.
2. 102 membros presentes, 13 ausentes, todos os diretores presentes.
3. Dispensada a leitura da ata da reunião anterior.
4. Relatório dos diretores –

    O vice-presidente leu o documento enviado por um locatário aos inquilinos. Explicou as cláusulas mais complicadas. Explicou o demorado procedimento legal antes de se poder oferecer ajuda.

    O tesoureiro anunciou o saldo de $87.10. Destacou a necessidade de um mínimo de $1,000 para manter o advogado que negociará com o locatário. Pediu aos membros que ainda têm dúvidas que o encontrassem depois da reunião.

5. Moções —
   O presidente pediu à comissão que procure um advogado para representar os inquilinos. Moção feita e aprovada de que os líderes de base constituirão uma comissão chefiada pelo presidente.
   Feita e aprovada a moção para nova reunião de votação sobre a escolha da comissão de averiguação.
6. Encerramento às 21h30.

11 Comunicados de divulgação

O *comunicado de divulgação*, conhecido também pelo termo inglês *release*, é uma forma de publicidade por escrito. Geralmente anuncia um evento ou progresso de uma empresa. Acontecimentos como reuniões, nomeações, promoções e ampliações, assim como o lançamento de novos produtos ou serviços e a divulgação de informações financeiras, todos eles são assuntos possíveis dos comunicados.

Os comunicados são enviados a publicações empresariais e veículos de comunicação de massa (especificamente jornal, rádio e televisão), na esperança de que o editor aprove a publicação ou a transmissão. Para ser aprovado por um editor, portanto, o comunicado deve fazer mais do que promover a imagem e o prestígio da empresa; deve DAR NOTÍCIA e ser OPORTUNO; quer dizer, deve interessar o público.

Como os memorandos e as atas, os comunicados de divulgação não usam o feitio da carta comercial padrão. Nem usam o artifício de "adotar o ponto de vista do leitor" mencionado várias vezes neste livro. Tanto o encadeamento do texto quanto a linguagem do comunicado de divulgação visam possibilitar a cópia. Quanto menos for necessário reescrever o comunicado, maior a probabilidade de o editor publicá-lo.

O comunicado deve ser *conciso* e *objetivo*; não deve ter palavras supérfluas ou complicadas: precisa ser fácil de entender. Além do mais, deve ser escrito em estilo impessoal. Sua empresa, por exemplo, deve ser mencionada pelo nome, não como "nossa empresa" ou "nós". Do mesmo modo, as pessoas, como você mesmo, devem ser citadas pelo nome – como se uma pessoa de fora ou um repórter tivesse escrito o texto. As referências a datas e momentos também devem ser precisas. (Palavras como *hoje*, *amanhã* e *ontem* não têm sentido se você não souber quando o comunicado será publicado.)

O primeiro parágrafo – ou abertura – de um comunicado é o mais importante. Já que o editor, se precisar de espaço para uma notícia mais importante, pode cortar o texto de baixo para cima, o parágrafo de abertura deve ser capaz de dizer tudo, resumir o acontecimento e conter os fatos essenciais. Os parágrafos seguintes devem desenvolver o assunto com informações adicionais, em ordem de importância. Como em todas as cartas comerciais, a PRECISÃO e a PERFEIÇÃO nos detalhes são essenciais. Mas, em um comunicado de divulgação, até um erro de grafia pode levar o editor a desconfiar e rejeitar o texto.

O comunicado pode ser feito em papel timbrado ou papel comum. O ideal é limitar-se a uma página. Se, no entanto, você precisar usar mais de uma página, a palavra *MAIS* ou *SEGUE* deve ser escrita no canto inferior direito de cada página, e todas elas devem ser numeradas no canto superior direito. O final do comunicado deve ser indicado com um dos seguintes símbolos:

-xxx-
000
###
-30-

O cabeçalho do comunicado de divulgação deve conter a data para publicação:

PARA PUBLICAÇÃO
20 de fevereiro de 2004

PARA PUBLICAÇÃO DEPOIS DE
16 horas, 1 de fevereiro de 2004

PARA PUBLICAÇÃO IMEDIATA

NEWS RELEASE

Ericson Electronics, Inc.
1111 Maitland Plaza
Tremont, Massachusetts 52131
(606) 555-7777

April Frank
Editor-in-Chief
Audio-Video Dealer Monthly
(803) 666-2222

FOR IMMEDIATE RELEASE   7/7/00

SALES, NET UP AT ERICSON

Tremont, July 7, 2000. Ericson Electronics announced significantly higher second-quarter earnings despite slightly lower revenues. A spokesperson for Ericson credited a combination of improved sales mix and operating efficiencies in North America as well as a generally stronger overseas performance for the improvement.

For the three months, the TV and radio manufacturer had a net of $56 million, up 21.7% from last year's $46 million while revenue of $2.81 million declined 1.3%.

Ericson said its unit shipments in North America were down, but less than the industry's overall 3% decline, and a combination of product mix, manufacturing efficiencies, and more favorable material costs resulted in improved margins. The company expects that, along with the industry, its total shipments will be down from last year's record because of the currently high level of TV inventories at retail.

"Overall, we're pleased with the quarter and with the progress it represents toward our full-year goals," said chairman Kwow Joong. "Our North and Latin American divisions again put up outstanding numbers, and our European and Asian results met our expectations. We look forward to significant operating improvement through this year."

-30-

NEWS RELEASE

National Organization of Retired Persons
Fort Worth, Texas 76111
Zenaida Plonov, Publicity Director
(804) 771-1227

Alicia Hidalgo
The Editor
Fort Worth Gazette
(804) 771-2235

FOR RELEASE AFTER
3 P.M., April 7, 2000   4/4/00

<u>ALVIN BANKS NAMED RETIRED PERSON OF THE YEAR</u>

    Fort Worth, April 7, 2000. Alvin Banks, outgoing president of the Fort Worth Chapter of the National Organization of Retired Persons, was named "Retired Person of the Year" at a luncheon in his honor on April 7.

    During his two years in office, Mr. Banks, the retired owner and manager of Banks Building and Supply Company, helped the Fort Worth Chapter grow from 53 members to its present high of 175 members. He instituted a number of the organization's current programs, including a part-time job placement service and a guest lecture series.

    Mr. Banks will be succeeded as president by Mrs. Beatrice Toller, a retired buyer for Grayson's Department Store.

    The Fort Worth Chapter of the National Organization of Retired Persons meets Wednesday evenings at 7 P.M. at the Presbyterian Church on Humboldt Street. Meetings are open to the public and all retired persons are welcome to join.

# # #

Se não for usado papel timbrado, o cabeçalho deve conter o nome e o endereço da empresa, assim como os números de telefone e fax de pessoas às quais o editor possa recorrer para informações adicionais. Depois do cabeçalho, coloque um título provisório ou deixe uns dois centímetros de espaço em branco para que o editor coloque o título dele.

O corpo do comunicado de divulgação deve ter espaço duplo; os parágrafos devem ter um recuo de cinco toques. Deve-se deixar uma margem de dois centímetros em toda a volta para os comentários dos redatores. Se forem anexadas fotografias ao comunicado, elas precisam ter uma etiqueta com a descrição do evento e o nome das pessoas retratadas.

Por fim, o comunicado deve ser endereçado ao editor, se enviado a um jornal, ou ao diretor de programação, se enviado a uma emissora de rádio ou televisão. Claro, coloque o nome da pessoa, se você souber. O envelope deve ter escrito COMUNICADO ANEXO.

CORRESPONDÊNCIA NA PRÁTICA

Para cada uma das situações a seguir, prepare um comunicado de divulgação.

a. Como diretor de contabilidade da Waterford Stores, envie um comunicado ao jornal interno da empresa informando a contratação de uma pessoa. Marlon Strong, perito contador, formou-se na Brockton College, onde foi presidente do Young Accountants Club durante todo o curso. Antes de vir para Waterford foi auxiliar de contabilidade da firma particular Moyer and Moyer. Faça um texto elogiando a carreira e o conhecimento do sr. Strong e dando-lhe as boas-vindas à empresa.

b. Em 31 de julho, sábado, às 11 horas da manhã, a Paperback Power Bookstore, 777 Main Street, Little Falls, New Jersey, realizará uma sessão de autógrafos de Lillian Lockhart, autora do *bestseller* The Office Worker's Weekday Diet Book. O livro, publicado pela Knoll Books e vendido por $13,95, foi classificado pelo *The New York Times* como "um livro valioso, essencial, para todos os que trabalham em escritórios". Lillian Lockhart, nutricionista formada, é também autora de *Eat and Run: A Diet for Joggers*, entre outros livros. Louis Putnam, dono da Paperback Power, disse que essa manhã de autógrafos será a primeira de várias. Prepare um comunicado de divulgação para que o *Little Falls Press* anuncie o evento.

c. A Reliable Drug Store, 120 Franklin Street, Roscoe, New York, está em funcionamento há vinte anos. Na segunda-feira, 3 de maio, será realizada a inauguração da loja Health Food Annex, no local em que ficava a Fred's Barber Shop, na porta à direita da matriz da Reliable, 118 Franklin Street. Segundo Marjorie Mansfield, atual proprietária e filha do fundador da Reliable Drug, Hiram Mansfield, a abertura da nova loja foi motivada pelo grande interesse em alimentos saudáveis e também pela crescente procura de vitaminas e minerais de qualidade. "Queremos oferecer aos moradores da cidade o que as lojas de alimento das cidades grandes oferecem" – disse Marjorie Mansfield – "e pretendemos ter de tudo, de fermento natural e proteínas a iogurtes e frutas secas." Escreva o comunicado de divulgação que será enviado às estações de rádio locais, fazendo a expansão da drogaria ser o mais interessante possível.

12 Relatórios e propostas comerciais

Hoje, mais do que nunca, a *informação* tem um papel crucial no comércio. Os mais recentes avanços na área de computadores, processamento de informações e telecomunicações transformaram a própria informação em produto essencial, e aqueles que lidam com ela, em pessoas disputadas no mundo dos negócios.

O objetivo dos *relatórios comerciais* é transmitir informações fundamentais de modo ordenado e proveitoso. E, apesar do desenvolvimento tecnológico, a capacidade de coletar dados, organizar as informações e elaborar um texto agradável continua sendo imprescindível.

Um relatório comercial bem-feito fornece informações COMPLETAS e PRECISAS sobre determinado aspecto das atividades empresariais. Os assuntos dos relatórios abrangem despesas e lucros, produtos e vendas, tendências de mercado e relacionamento com o cliente. A intenção das informações dadas pelos informes é sempre a de influir nas decisões, determinar mudanças, aperfeiçoamentos ou soluções de problemas. Assim, o relatório deve também ser CLARO, CONCISO e LEGÍVEL.

O *feitio* do relatório comercial pode ser tanto *informal*, destinado ao público interno, quanto *formal*, um volume extenso para divulgação nacional. Alguns relatórios contêm texto corrido; outros consistem em dados; e outros, ainda, podem utilizar uma combinação de texto corrido, tabelas, quadros e gráficos.

A regularidade dos relatórios também é variável. Alguns são únicos, apresentados apenas uma vez como resultado de um projeto ou ocasião especial. Outros são periódicos, divulgados a intervalos regulares (semanais, mensais, quinzenais etc.), em geral segundo um modelo predefinido e em um feitio predeterminado.

O *estilo* do relatório é definido conforme o público. Um relatório informal, que será lido apenas por colegas ou sócios, pode ter uma linguagem pessoal. Nesse relatório, o uso de "eu" ou "nós" é aceitável. Por outro lado, o relatório formal deve ser impessoal e escrito exclusivamente na terceira pessoa. Veja a diferença:

Informal: I recommend that the spring campaign concentrate on newspaper and television advertising.

Formal: It is recommended that the spring campaign concentrate on newspaper and television advertising.

Informal: After discussing the matter with our department managers, we came up with the following information.

Formal: The following report is based upon information provided by the managers of the Accounting, Marketing, Personnel, and Advertising Departments.

Porém, seja formal, seja informal, o relatório deve ter um texto SIMPLES e DIRETO.

O *tipo* de relatório varia de acordo com o modo de apresentar e de interpretar ou não as informações.

1 • Um relatório informativo simplesmente apresenta fatos, fazendo a descrição da situação de determinada empresa ou departamento em um período específico.

2 • Um relatório de evolução também apresenta fatos, mostrando o que ocorreu em certo período.

3 • Um relatório estatístico apresenta números, geralmente na forma de tabelas, quadros e gráficos.

4 • O relatório de pesquisa baseia-se no estudo ou na análise de uma situação ou questão. Esse relatório apresenta novos dados e pode também analisá-los.

5 • O relatório de recomendação é o relatório de pesquisa mais elaborado, que faz recomendações específicas fundamentadas nas informações prestadas.

Lembre-se de três *normas* importantes ao preparar um relatório comercial:

1 • Cite as fontes. O leitor deve saber *sempre* de onde provém a informação, para poder comprová-la.

2 • Informe a data do relatório. Os negócios são inconstantes; as informações e as situações alteram-se dia a dia, quando não no espaço de horas. As informações podem ficar desatualizadas muito rapidamente.

3 • Guarde *sempre* uma cópia do relatório para consulta.

Relatórios informais

O relatório informal é o mais comum no comércio. Em geral é curto, de cinco páginas ou menos, e costuma ser feito em forma de memorando (modelo 12-1) ou uma variação dele. Às vezes, se for enviado a alguém de fora da empresa, o relatório informal pode ser escrito como se fosse uma carta (modelo 12-2).

O tom e o estilo do relatório informal mudam conforme o assunto e o público. Mas, seja amistoso ou impessoal, o relatório deve ser sempre escrito com educação e tato.

O relatório informal costuma ser preparado rapidamente, e as informações são coletadas sem tanta profundidade quanto no relatório formal. Ainda assim, mesmo que o assunto não seja tão importante e não haja muito tempo, qualquer relatório comercial deve ser COMPLETO e REAL.

MODELO 12-1 Relatório informal (memorando)

TO: Mr. Marvin Dawson

FROM: Junzo Roshi

DATE: February 7, 2000

SUBJECT: Report on Secretarial Staff Overtime for January

As you requested, I have computed the number of overtime hours worked by the secretaries of the various departments and the cost of that overtime to the company.

Department	Employee	Hourly Wage	Number of Occasions	Total Hours	Total Cost @ Time and a Half
Executive	Ann Rogers Wilma Toynbee	$15.00 15.00	6 5	15 14	$337.50 315.00
Marketing	Maribel Cruz	10.00	8	17	255.00
Accounting	Nicole Foire	10.00	8	18	270.00
Personnel	Judy Hecht	10.00	10	21	315.00
	TOTALS		37	85	$1492.50

The cost of hiring a clerical assistant for 35 hours a week at $7.00 an hour would be $245.00, or $980.00 and 140 hours a month. This would save the company approximately $512.50 yet provide an additional 55 clerical hours.

JC

International Industries, Inc.
3000 Avenue of the Americas
New York, NY 10019

Dear Shareholder:

Subject: Third Quarter Report

Third-quarter earnings continued at record levels due to a significant increase in International's petroleum operations. Earnings for the first nine months exceeded last year's full-year results.

International Industries' third-quarter income from continuing operations was $42,351,000 or $1.25 per common share, a 40% increase over the income of $30,330,000 or 89 cents per common share for the same period last year.

Operating income for International's petroleum operations increased 53% over the third quarter of last year, contributing over 79% of International's income.

As a result of depressed conditions in the automotive and railroad markets, International's earnings from fabricated metal products continued to decline. International Chemicals' overall quarterly earnings declined although full-year income from International Chemicals should be substantially above last year's levels.

International Industries is a leading manufacturer of petroleum equipment and services, metal products, and chemicals, with annual sales of $2 billion.

Laura M. Carson
Chairperson and Chief Executive Officer

Wayne G. Wagner
President and Chief Operating Officer

November 10, 2000

MODELO 12-2 (continuação)   Relatório informal (carta)

INTERNATIONAL INDUSTRIES, INC.
Consolidated Statement of Income (Unaudited)
(In thousands, except per share)

	For the three months ended September 30	
	1999	2000
Revenues:		
Net Sales	$517,858	$454,866
Income from investments in other companies	8,729	4,046
Other income (loss), net	2,599	990
Total revenues	$529,186	$459,902
Costs and expenses:		
Cost of goods sold	$339,851	$303,893
Selling, general & administrative	111,384	91,597
Interest	9,456	13,001
Minority interest	1,600	705
Total costs and expenses	$462,291	$409,196
Income before items shown below	$66,895	$50,706
Taxes on income	24,544	20,376
Income from continuing operations	$42,351	$30,330
Income from discontinued operations, net of income taxes	—	2,346
Income before cumulative effect of accounting change	$42,351	$32,676
Cumulative effect of accounting change	—	—
Net income	$42,351	$32,676
Income per share of common stock (*):		
Income from continuing operations	$1.25	$.89
Net income per share	$1.25	$.96

NOTE: (*) Income per share of common stock has been calculated after deduction for preferred stock dividend requirements of $.03 per share of common stock for the three months ended September 30.

Modelo 12-3 Relatório informal (formulário impresso)

TRAVEL EXPENSE REPORT

NAME: _____

DEPARTMENT: _____

DATE: _____

DESTINATION: _____

DATES OF TRAVEL: _____

PURPOSE OF TRIP: _____

_____

_____

TRANSPORTATION: _____ $

HOTEL: _____ $

CAR RENTAL: _____ $

MEALS: _____ $

OTHER (itemize): _____ $

_____ $

_____ $

TOTAL: _____ $

(For proper reimbursement be sure to attach all receipts.)

A melhor maneira para começar a coletar as informações é definir sua *intenção*. Se você conseguir definir claramente o motivo do relatório, saberá que informação procurar.

Quando todas as informações tiverem sido reunidas, o segundo passo é *ordená-las*. Você precisa dispor as informações em uma seqüência lógica fácil de acompanhar.

Por fim, o tipo de informação e seu método de ordenamento determinarão a forma de *apresentação*. Se o relatório pede um texto corrido, organize os parágrafos:

Primeiro parágrafo: Apresente a idéia principal com clareza e concisão.

Parágrafos centrais: Desenvolva a idéia principal com informações detalhadas que lhe dêem sustentação.

Último parágrafo: Faça uma conclusão *objetiva*. Se forem necessários, seus comentários e sugestões podem ser incluídos no final.

NOTA:

> Em um relatório informal e curto, é aconselhável dispor as informações na forma de *itens*. Isso pode ser conseguido apenas numerando os parágrafos ou usando tabelas e dados. Seja como for, a disposição em itens faz o relatório mais organizado e mais fácil de ler.

Relatórios formais

Um relatório formal (modelo 12-4) é mais longo e completo que um relatório informal. Exige a apuração de informações mais detalhadas e é apresentado de um modo mais refinado.

Como nos relatórios informais, comece a preparar o relatório formal definindo o assunto central. Escreva com o máximo de precisão sobre o problema a ser solucionado. Depois decida de que informações você precisa para resolvê-lo e quais os métodos necessários para reuni-las. Entre as maneiras mais comuns de coletar informações estão a consulta a bibliotecas, pesquisas e entrevistas, e a investigação.

Quando você tiver terminado a pesquisa e as informações tiverem sido reunidas, é hora de organizá-las e analisá-las. Sua interpretação pode ou não constar da versão final do relatório, mas é essencial ter uma compreensão profunda do material antes de começar a escrever.

Ao terminar, o relatório formal terá as seguintes partes:

1 • FOLHA DE ROSTO: Esta página conterá o título do relatório, o nome da pessoa que o elaborou, o nome da pessoa para quem ele foi preparado e a data em que foi concluído. A folha de rosto, portanto, terá muito espaço em branco.

2 • SUMÁRIO: Esta página terá sido feita antes, mas só deve ser impressa no final. Consiste em uma lista de todos os títulos e subtítulos do relatório e o número das páginas em que se inicia cada seção.

3 • INTRODUÇÃO: Ao contrário da introdução de um trabalho de conclusão de curso, esta seção *não* consiste em declarações introdutórias ao assunto principal. Trata-se da declaração de três fatos específicos:
   a. o propósito do relatório (o que o relatório demonstra ou comprova);
   b. a abrangência do relatório (o que o relatório apresenta e *não* apresenta);
   c. a metodologia de apuração das informações.

4 • RESUMO: Esta seção traz uma explicação concisa dos principais pontos contidos no relatório. Encare-a como

um favor ao executivo que não terá muito tempo para ler todo o relatório.

5. **Corpo**: Esta é a parte fundamental do relatório. É a apresentação ordenada das informações que você coletou.

6. **Conclusão**: Trata-se de uma explicação *objetiva* do que o relatório apresentou.

7. **Recomendações**: Quando necessárias, devem ser feitas *de acordo com as informações* presentes no relatório. Devem ter uma relação lógica com a conclusão objetiva.

8. **Apêndice**: Esta seção consiste em informações complementares, quase sempre na forma de gráficos e tabelas que não cabia incluir no corpo do relatório, mas que são essenciais para corroborar as informações.

9. **Bibliografia**: É obrigatório haver uma relação do material de consulta usado na preparação do relatório sempre que se tiver consultado material impresso. As entradas são relacionadas em ordem alfabética pelo sobrenome do autor. A forma correta é variável de uma área para outra, de modo que você precisará consultar um manual de padronização. Os exemplos a seguir, no entanto, servem como modelos genéricos:

   Livro: Toffler, Alvin. *Powershift: Knowledge, Wealth, and Violence at the Edge of the 21st Century*. New York: Bantam, 1990.

   Periódico: Rowland, Mary. "Sorting Through the Tax Changes", *The New York Times*, November 4, 1990, section 3, page 17.

A parte mais difícil do relatório é, sem dúvida, o corpo. Como a maior parte do trabalho se concentrará nele, você deve ser sistemático:

RECENT DEVELOPMENTS IN
OFFICE TECHNOLOGY

Prepared by Rachel Orloff
Prepared for Mr. Winston Chin
February 22, 2000

MODELO 12-4 Relatório formal (Sumário)

2

TABLE OF CONTENTS

	Page
INTRODUCTION	3
SUMMARY	3
RECENT DEVELOPMENTS IN OFFICE TECHNOLOGY	4
Typewriters	5
Word Processing Equipment	7
Dictation Machines	8
Copiers	9
Computers	11
Calculators	13
Fax Machines	14
CONCLUSION AND RECOMMENDATIONS	15
APPENDIX	16
BIBLIOGRAPHY	17

INTRODUCTION

The purpose of this report is to examine the latest advances in office machines technology in order to determine what, if any, capital improvements should be made in the office equipment of the ANDMAR Corporation.

This report does not consider security systems or fire detection and control devices.

The information for this report was gathered from information supplied by the National Office Machines Dealers Association as well as from articles in several issues of <u>Secretary's Press</u>, <u>Executive World</u>, and <u>Management Review</u>.

SUMMARY

This report shows that, because of increasing emphasis on the use of very large-scale integrated circuits, major changes are anticipated in office technology during the next decade. These changes will primarily involve:

1. electronic typewriters with memory functions;
2. executive, as opposed to central, word-processing stations;
3. high-speed and intelligent copiers;
4. computers of increased speed, reliability, and memory capacity;
5. electronic printing calculators;
6. dual-voltage fax with memory.

MODELO 12-4 Relatório formal (conclusão e recomendações)

4

CONCLUSION AND RECOMMENDATIONS

On the basis of the data in this report, it can be concluded that:

1. The installation of electronic typewriters and word-processing stations increases the productivity of secretaries and the efficiency of executives.
2. Medium-speed copiers and fax machines maximize costeffectiveness when used on a departmental basis.
3. Programmable electronic calculators function at a fraction of the cost of electronic adding machines.

From these conclusions, it is therefore recommended that:

1. An in-depth investigation of currently available electronic typewriters, fax machines, and word-processing systems be conducted to determine the cost and feasibility of installing such equipment.
2. A cost analysis be made to compare the copiers presently in use at ANDMAR to alternatives now on the market.
3. The services of an electronic calculator system sales specialist be engaged to determine the equipment best suited to ANDMAR's particular application.

1. *Pesquisa* – Seu relatório será composto de informações e você precisa saber onde encontrá-las. As fontes podem ser sua experiência, arquivos da empresa, Internet e bancos de dados informatizados, pessoas (por meio de entrevistas ou questionários), publicações da indústria e do governo e referências impressas (como livros e artigos).

2. *Organização* – Quando você tiver reunido as informações necessárias, coloque-as em ordem lógica. O assunto determina o método a ser utilizado. Alguns relatórios pedem uma apresentação cronológica. Em outros, a intenção indicará a divisão em categorias: trata-se de uma comparação, uma classificação ou uma análise de causa e efeito? Seja qual for a disposição escolhida, ela deve ser ressaltada com títulos e subtítulos.

3. *Exemplificação* – O corpo do relatório pode ser reforçado com o uso de quadros, gráficos, tabelas, diagramas e fotografias. Eles devem ser usados para dados cuja apresentação é difícil em texto corrido, mas não para repetir informações contidas no texto. Cada exemplificação deve ter uma legenda e, se houver muitas, uma numeração.

Por fim, não se esqueça de citar as fontes! Quando você reproduzir as palavras ou as idéias de outra pessoa, dê a fonte. Se não fizer isso, estará cometendo um PLÁGIO, que, no fundo, é roubo de informação. Se você entrevistar pessoas, revele o nome delas. Se fizer referência a livros e artigos, faça notas de rodapé (veja o tópico 6, a seguir). Você não deixa de ser reconhecido ao mencionar sua fonte de informação, mas perde toda a credibilidade (e talvez até o emprego) se apresentar as idéias de outra pessoa como suas.

Quando o relatório estiver finalizado e pronto para ser impresso, lembre-se destas normas ao preparar o original:

1 • Use o *estilo padrão* – espaço duplo em papel de tamanho carta.

2 • *Numere todas as páginas* – exceto a folha de rosto – no canto superior direito.

3 • Deixe *espaços em branco* – faça margens grandes e dê espaço entre os subtópicos.

4 • Use vários *títulos e subtítulos* – crie uma seqüência lógica no relatório fazendo títulos de formatação igual; deixe espaços em branco à volta dos títulos.

5 • Fique atento ao *tamanho dos parágrafos* – tente fazer parágrafos com número mais ou menos igual de linhas. (Um parágrafo de 15 linhas não deve ser seguido de um parágrafo de 6 linhas; por outro lado, parágrafos de 15 e 11 linhas, embora desiguais, não parecem tão desequilibrados.) Além disso, dê uma estrutura lógica aos parágrafos, assim como a todo o relatório. Comece por uma frase que resuma o tema e prossiga fornecendo detalhes.

6 • Não se esqueça de fazer *notas de rodapé* das informações que você pegou de outras fontes – as citações devem ser seguidas de um número sobrescrito e a fonte precisa ser citada no pé da página:

> [1]Helen J. McLane, *Selecting, Developing and Retaining Women Executives* (New York: Van Nostrand Reinhold, 1980), pp. 71-73.

7 • *Revise* os erros de gramática e grafia do relatório.

8 • Faça uma boa encadernação do original.

Propostas

Uma proposta é uma promoção de venda de uma idéia. Sua intenção é persuadir alguém a bancar a sua idéia e colocá-la em prática.

As propostas são necessárias em várias situações. Por exemplo, você talvez queira:

- sugerir uma idéia ao seu chefe para mudar um procedimento da empresa, contratar outro funcionário, comprar equipamento novo e assim por diante;
- recomendar uma idéia ou um projeto a uma comissão ou um conselho;
- pedir subvenção para financiar um projeto;
- solicitar apoio financeiro de investidores para um novo negócio ou projeto;
- obter um contrato com um cliente potencial.

As informações usadas e o formato escolhido variam de acordo com a situação. Algumas propostas, especialmente os pedidos de subvenção, exigem o preenchimento de formulários extensos e devem seguir o formato imposto pela organização que dará a subvenção. Seja qual for o caso, todas as propostas devem atender a certos princípios:

1. *Defina sua idéia.* No começo da proposta, expresse CLARAMENTE a sua idéia. Defina o propósito, o alcance e as restrições dela. Se você apresentar a idéia a pessoas que desconhecem os antecedentes dela, dê esclarecimentos, estabelecendo um contexto em que a idéia tenha lógica.

2. *Seja persuasivo.* Apresente com clareza o que motivou a idéia, inclusive os benefícios e as vantagens que ela trará. Expresse os motivos logicamente, não só em forma de lista, mas por meio de um desenvolvimento que construa gradativamente um contexto irrefutável para a sua idéia.

3. *Preveja as objeções.* Dê respostas a perguntas ou dúvidas antes que elas surjam. Você pode lançar mão, por

exemplo, das credenciais das pessoas participantes, justificar custos e despesas ou refutar outras idéias.

4 • *Explique o procedimento.* O que deve ser feito para implementar sua idéia? O que você gostaria que o leitor fizesse? Existe um prazo fatal para a decisão?

O alcance da sua idéia determinará o tamanho da proposta. Se a proposta for a compra de mais um terminal de computador para os secretários, você precisará de um argumento racional mais breve do que se a proposta tiver o objetivo de obter empréstimo bancário para a abertura de uma empresa. Mesmo assim, todas as propostas devem conter o seguinte:

- TÍTULO: Deve ser conciso, mas transmitir claramente a sua idéia.

- SUBTÍTULOS: Divida sua argumentação em seções com subtítulos. Será mais fácil ler a proposta e acompanhar o raciocínio.

Uma proposta longa pode também conter:

- RESUMO: No começo, pensando no executivo ocupado, você fará uma sinopse da sua idéia e dos pontos principais.

- APÊNDICES: As informações que dão substância à proposta podem ser colocadas no final. Os apêndices costumam conter o currículo dos participantes do projeto, tabelas e quadros com dados financeiros ou outros dados estatísticos importantes e qualquer informação que interromperia sua argumentação, mas seja mesmo assim essencial para a proposta.

- CAPA: Uma proposta longa deve ser encadernada com capas de plástico ou cartão.

Por fim, leve em conta o tom da proposta. Ao mesmo tempo que você quer que predomine a *lógica* da sua idéia,

MODELO 12-5 Proposta I

PARMA REFRIGERATOR & STOVE CO., INC.   Sales & Service

1500 Wellman Square   PHONE   718-428-1800
Bronx, New York 10481   FAX   718-428-1810

PROPOSAL
Bid to Provide Appliances Under HUD Guidelines

TO: Federation of Latino Communities, Inc.
        Bedford Paraiso SRO Program
        50 Bedford Park Row
        Bronx, New York 10492

ATT: Fernando Lebron

FROM: Angela Parma Stern
        Vice President

DATE: April 18, 2000

Based on a bulk order, single delivery and all installations being completed in one day, we can provide the appliances you specified at the following discount:

- 22 Federal Electric all-electric stoves, Mod. No. ES02V
  delivered and installed @ $420 each .... $ 9,240.00
- 48 Federal Electric 30" ductless range hoods, Mod. No. RH32
  delivered and installed @ $66 each .... $ 3,168.00
- Parts for Federal Electric cooktop, Mod. No. CT201B
  44 6" burners @ $20 each, delivered only .... $ 880.00
  44 8" burners @ $25 each, delivered only .... $ 1,100.00
  22 burner receptacles @ $9.50 each, delivered only .... $ 209.00

TOTAL: $14,597.00

TERMS: • 20% ($2,919.40) retainer due upon signing of contract
            (certified check)
        • Balance ($11,677.60) due upon delivery (certified check)

ADDITIONAL CRITERIA:
(1) All merchandise is covered by a manufacturer's 1-full-year warranty.
(2) We carry $2 million liability insurance.
(3) All members of our crew are union members with prior experience on HUD projects.
(4) We conform to all regulations of the Davis-Bacon Act regarding hiring practices.

All items are available for immediate shipment. We can process your order as soon as we hear from you.

MODELO 12-6   Proposta II

A PROPOSAL TO SPEED COVERAGE
FOR ABSENT EMPLOYEES

This is a proposal to provide the employees of Shoji International with a means of reporting anticipated absences during non-working hours. The purpose is to enable the Personnel Department to assign temporary coverage for absent employees by 9 A.M.

WHAT WE PROPOSE TO DO

We would install an answering machine in the Personnel Department, enabling employees throughout the company to call in sick any time between 5 P.M. the previous day and 8:30 A.M. the day of the absence. An assistant from Personnel win be rescheduled to work from 8:30 to 4:30 (instead of the present 9 to 5) to listen to the messages left on the machine, schedule the temporary assignments, and notify the substitute employees, who should be in place at their temporary workstations between 9 and 9:15 A.M.

WHAT WE WOULD LIKE TO SOLVE

Under the present system, an employee must report an absence to his/her supervisor. The majority of these calls, therefore, come in between 9 and 9:15 A.M., after the work day has begun. Next, the various department managers notify the Personnel Department, where temporary coverage is then arranged. The substitute employees may not arrive at their workstations before 10 A.M. An hour of down time, particularly in such departments as Sales and Customer Relations, can result in backlogs that last all day and may ultimately result in lost sales.

WHAT BENEFITS WE WILL ACHIEVE

The benefits will occur at four levels:

1. Employees will benefit by being able to report an expected absence at any time. They will be relieved of the need to rise from a sick bed at exactly 9 A.M. to call their office. They will experience enhanced self-esteem by not having to report their illness to their supervisor. We anticipate improved employee morale.

2. Supervisors and managers will benefit by no longer having to relay messages to Personnel about absent employees, a process that has taken time when a department was already short-handed. They will also benefit by having, absentees' positions filled at the start of the work day, avoiding delays within their departments as well as added burdens on other employees. They will, further, be relieved of the need to discuss an employee's reasons for being absent until the employee returns to work (thereby losing no authority but reserving the authority to be used with those employees whose attendance records are questionable).

3. The Personnel Department will benefit by knowing early in the morning what rescheduling will be required that day. We will be relieved of the 9 A.M. rush of calls from managers that has until now slowed the process of assigning "temps." With adequate time, we will be able to make the most appropriate reassignment to cover each absence, and we will be finished earlier, allowing more time to be devoted to our other responsibilities.
4. Finally, Shoji International will benefit. There will be reduced risk of lost sales or business due to the delays that, until now, have taken place in the morning. There will be the advantages of enhanced employee morale and more efficient morning operations throughout the company. (We anticipate that there might even be a reduction in absenteeism as a result of improved morale. This can be monitored as part of a follow-up study of the proposed change.)

WHAT THIS WILL COST

The only cost of the proposed change is the price of a telephone answering machine. We have investigated a few models, all of which cost less than $60. With approval, we would like to buy the ANSO #229 at $49.95.

WHAT HAPPENS NEXT

With approval of the proposal, we will purchase and install the answering machine. On the day before it is installed, we will hold a brief managers' meeting to inform them of the change. On the next day, a memo will go out to all employees, explaining the new procedure for reporting absences. Finally, on the first day of full operation of the answering machine, Maribel Acevedo, Personnel Assistant, will begin working her new hours, 8:30-4:30.

We are ready to institute the proposal as soon as we receive an executive decision.

fundada em fatos e informações, também precisa transmitir entusiasmo pela idéia. É preciso mostrar a urgência da proposta, se quiser que o leitor tome uma atitude. Dissemos no início que uma proposta é uma promoção de venda, e você não conseguirá promover uma idéia se não acreditar nela.

CORRESPONDÊNCIA NA PRÁTICA

Os exercícios a seguir acarretam a preparação de um relatório formal ou informal. Atente para a forma apropriada.

a. Seu chefe solicitou os preços de fechamento das seguintes ações (preferenciais e ordinárias):

AT&T	General Motors
Microsoft	IBM
Exxon	ITT

Consulte a informação em um jornal e apresente os dados em um relatório informal.

b. Está prevista uma greve do sindicato dos motoristas de ônibus da sua cidade. Por precaução, seu chefe lhe pediu que pesquise o custo de quartos de hotel para acomodar os principais gerentes da empresa. Entre em contato com alguns hotéis para saber o preço por dia e por semana. Depois, apresente essas informações em um relatório informal. Faça uma sugestão do local mais barato e melhor para a estadia.

c. O orçamento do seu departamento para o trimestre prevê dinheiro para comprar um aparelho de fax. Seu supervisor pretende comprar um fax que seja excelente e adequado ao departamento. Elabore um relatório formal com pelo menos seis tipos diferentes de aparelhos de fax existentes no mercado. Leve em conta características como memória, resolução, meios-tons, velocidade e outras opções.

d. A diretoria de um colégio da sua cidade está tentando conseguir dinheiro para ampliar a biblioteca. Ela recorreu às empresas, pedindo idéias para obter recursos. Sendo empresário, você gostaria de sugerir a realização de uma quermesse no pátio do colégio em um sábado. Como as empresas da cidade e as pessoas em geral poderiam alugar um espaço para montar uma banca, todos poderiam participar do levantamento de fundos para o colégio. Escreva uma proposta para a diretoria do colégio sugerindo a idéia de uma quermesse. Ao apresentá-la, não se esqueça de justificá-la de maneira persuasiva. E leve em conta também as possíveis objeções.

e. Imagine que você é assistente de contratação do elenco de uma grande produtora cinematográfica. Ela pretende adaptar para o cinema um romance muito popular. Baseando-se em um romance que você leu recentemente, escreva uma proposta formal descrevendo todos os personagens do livro e os atores que poderiam estrelar cada papel. Proponha pelo menos dois atores para cada papel.

Glossário de termos comerciais

O *Glossário de termos comerciais inglês-português*, embora não esgote o assunto, permitirá que você use os termos corretos no sentido comercial corrente.

account n. (conta) registro contábil de negócios comerciais; (2) um consumidor ou cliente.
accrue v. (acrescer) acumular, como em *acumular juros*.
affidavit n. (declaração pública) testemunho escrito.
amortization n. (amortização) pagamento gradual de uma dívida em parcelas sucessivas.
annuity n. (renda anual) investimento que paga rendimentos anuais fixos.
appraise v. (avaliar) fazer uma avaliação.
appreciate v. (apreciar) aumentar em valor.
arbitration n. (arbitração) solução de uma disputa por um árbitro.
arrears n. (valor vencido) dívidas vencidas.
assessment n. (tributação) avaliação para tributação.
asset n. (ativo) propriedade de valor.
audit (1) n. (auditoria) estudo dos registros financeiros de uma empresa. (2) v. (auditar) examinar a contabilidade da empresa.
backup (1) v. (becapar) copiar um arquivo do disco rígido de um computador para um disco flexível ou uma fita. (2) n. (becape) cópia de um arquivo de computador.
balance (1) n. (saldo) diferença entre os débitos e os créditos. (2) v. (fazer balanço) conciliar a diferença entre os débitos e os créditos.
bankruptcy n. (falência) declaração legal de insolvência.
beneficiary n. (beneficiário) pessoa indicada a receber os benefícios de um testamento, de uma apólice de seguro, etc.
bond n. (obrigação) título de dívida a longo prazo emitida por um devedor público ou privado.
boot v. (butar) ligar um computador.
brokerage n. (corretagem) empresa autorizada a promover a venda de ações e títulos mobiliários.
byte n. medida de capacidade de um computador para armazenar informação. Um byte equivale a um caracter.

capacity n. (capacidade) total de bytes que podem ser armazenados na memória de um computador.

capital n. dinheiro ou propriedade que pertençam ou sejam utilizados por uma empresa.

cash flow n. (fluxo de caixa) medida de liquidez de uma empresa.

CD-ROM n. acrônimo para *compact disk-read only memory*, um dispositivo de armazenagem óptica para computador que contém milhões de bytes de informação.

collateral n. (garantia) propriedade utilizada para segurar um empréstimo.

compensation n. (compensação) pagamento, reembolso, ressarcimento, indenização.

consignment n. (consignação) lote de mercadorias a serem pagas após a venda.

corporation n. (sociedade anônima) empresa constituída e regulada por um contrato social.

credit (1) n. (crédito) entrada de um pagamento em uma conta. (2) v. (creditar) dar entrada de um pagamento em uma conta.

data processing n. (processamento de dados) manuseio de informações, especialmente de dados estatísticos, utilizando um computador.

debit (1) n. (débito) entrada de capital devido a uma conta. (2) v. (debitar) dar entrada de capital devido a uma conta.

debt n. (dívida) dinheiro ou capital devido.

debug v. (retirar vírus) remover os erros de um programa de computador.

deficit n. (déficit) falta de recursos financeiros.

depreciate v. (depreciar) diminuir em valor.

direct mail n. (mala-direta) venda de bens e serviços por meio de correspondência.

dividend n. (dividendo) parcela de lucros divididos entre os acionistas de uma sociedade anônima.

DOS n. acrônimo para *data operating system* (sistema de operação de dados), programa principal de controle de um computador.

download n. (baixar) trazer informação da memória de um computador para outro ou fita, disco ou impressora.

endorse v. (endossar) assinar no verso de um cheque.

endowment n. (doação) dinheiro dado, como em um legado.

equity n. (eqüidade) valor em dinheiro não mais devido a uma compra.

escrow n. (caução) documento de propriedade entregue a terceiros, até serem atendidas determinadas condições.

executor, executrix n. (testamenteiro, testamenteira) pessoa indicada para executar o testamento.

exemption n. (isenção) valor não sujeito à tributação.
expenditure n. (despesa) valor despendido.
fiscal adj. (tributário) financeiro.
flextime n. sistema de horas flexíveis de trabalho.
forfeiture n. (caducidade) perda de bens como penalidade por falta ou negligência.
franchise n. (franquia) direito especial de operar uma empresa, concedido pelo governo ou uma sociedade anônima.
goodwill n. (luvas, fundo de comércio) valor da imagem pública e reputação de uma empresa.
gross (1) adj. (bruto) valor total, sem dedução. (2) v. (grosar) auferir um valor antes de pagar as deduções. (3) n. (bruto) total auferido antes de abater as deduções. (4) n. (grosa) doze dúzias.
hardware n. (equipamento) parte física de um computador.
information processing n. (processamento de informações) a "combinação" do processamento de dados e o processamento de texto.
input n. (entrada de dados) dados fornecidos a um computador.
insurance n. (seguro) garantia de indenização por determinado prejuízo.
interest n. (juros) taxa cobrada pelo empréstimo de dinheiro.
inventory n. (inventário, estoque) lista de bens ou mercadorias.
investment n. (investimento) capital aplicado em uma empresa ou um negócio para auferir lucros.
invoice n. (fatura) lista de mercadorias entregues.
journal n. (livro de registro) registro de transações financeiras.
kilobyte n. aproximadamente 1.000 bytes.
laptop n. computador compacto portátil.
lease (1) n. (locação) contrato de aluguel de um imóvel. (2) v. (locar) alugar ou ceder.
ledger n. (livro de contabilidade) livro de registro de débitos e créditos.
legacy n. (legado) dinheiro ou propriedade deixados em testamento.
liability n. (responsabilidade) dívida ou obrigação.
lien n. (penhora) arresto de um bem como garantia de uma dívida.
liquidity n. (liquidez) capacidade de transformar bens do ativo em capital.
list price n. (preço de tabela) preço de varejo listado em um catálogo.
load v. (carregar) trazer informação para a memória de um computador.
margin n. (margem) diferença entre o preço de custo e o de venda.
markup n. (acréscimo) diferença percentual entre o preço de custo e o de venda.
megabyte n. aproximadamente 1 milhão de bytes.

memory n. (memória) informação armazenada em um computador.
merger n. (incorporação) fusão de duas ou mais empresas.
middleman n. (intermediário) empresário que compra do produtor e revende no atacado ou no varejo.
modem n. dispositivo para conectar computadores por meio de linha telefônica.
monetary adj. (monetário) relativo ao capital.
monopoly n. (monopólio) controle exclusivo de um bem ou serviço.
mortgage (1) n. (hipoteca) propriedade entregue como garantia de um empréstimo. (2) v. (hipotecar) dar um imóvel como garantia de um empréstimo.
negotiable adj. (negociável) transferível.
net (1) n. (líquido) valor restante após as deduções. (2) v. (liquidar) calcular o lucro.
networking n. estabelecimento de uma empresa e de contatos profissionais.
option n. direito de fazer uma oferta a um preço estabelecido dentro de determinado prazo.
output n. (saída de dados) dados fornecidos por um computador.
overhead n. (despesas gerais) custos gerais de uma empresa.
par value n. (valor ao par) valor nominal de uma ação ou obrigação.
payable adj. (a pagar) devido.
personnel n. (pessoal) empregados, equipe de trabalho.
petty cash n. (pequenas despesas) valor disponível para gastos eventuais.
portfolio n. (carteira) títulos mobiliários administrados por um investidor.
power of attorney n. (procuração) documento que confere o direito de representar legalmente outra pessoa.
premium n. (prêmio) pagamento, em geral, feito a uma apólice de seguro.
productivity n. taxa de rendimento ou rendimentos.
proprietor n. (proprietário) dono.
prospectus n. (prospecto) descrição de uma empresa.
proxy n. (procuração de voto) autorização para votar por um acionista em uma assembléia.
quorum n. número mínimo de pessoas presentes necessárias para a realização de um negócio em uma reunião.
receivable adj. (a receber) contas a receber.
remittance n. (remessa) envio de dinheiro para pagamento.
requisition n. (requisição) solicitação de suprimentos por escrito.

resumé n. (currículo, *curriculum vitae*) apresentação por escrito das qualificações e da experiência de um candidato a uma vaga de trabalho.
rider n. (anexo) alteração ou emenda a um documento.
royalty n. (direitos autorais) parcela de lucros de um livro ou de uma invenção paga ao autor ou ao detentor da patente.
security n. (1) (garantia real) fundos ou propriedade entregues como garantia de pagamento. (2) (título mobiliário) ação ou obrigação.
shareholder n. (acionista) quem detém ações de uma sociedade anônima.
software n. conjunto de programas de um computador.
solvent adj. (solvente) capaz de pagar suas dívidas.
spreadsheet n. (formulário) tabela de números organizados em linhas e colunas para cálculos feitos em computador.
stockholder n. (acionista) quem detém ações de uma empresa.
subsidy n. (subsídio) concessão financeira.
tariff n. (tarifa) imposto lançado sobre importações ou exportações.
telecommunications n. (telecomunicações) comunicações em alta velocidade a cabo ou por meio de microondas.
trust n. (truste) monopólio formado por um conglomerado de empresas.
turnaround time n. (tempo utilizado) tempo necessário para terminar uma tarefa.
vita n. (currículo, *curriculum vitae*) apresentação por escrito das qualificações e da experiência de um candidato a uma vaga de trabalho; o mesmo que *resumé*.
word processing n. (processamento de texto) manuseio de texto por meio de um computador.

Índice remissivo

Agradecimento, cartas de, 117-119
AMS, disposição de carta. *Veja* Simplificada, disposição de carta.
Anexo, lembrete de, 24
Apresentação, cartas de, 148-150
Assinante, identificação do, 24
Assunto, indicação do, 22
Atas, 157-160
Avisos, 121-122

Candidatura a emprego, cartas de, 135-141
Cartas complementares, 48, 141
Cartas de contato social, 113-122
   agradecimento, 117-119
   avisos, 121-122
   convites, 118-121
   cumprimentos, 114-115
   solidariedade, 114-117
Cartas justificadas, disposição de, 25, 28
Cartas justificadas sem recuo, disposição de, 25, 26
Cartas preliminares, 56
Cobrança, cartas de, 77-82

Composição com mancha quadrada, 25, 30
Composição de cartas, estilos de, 25-27
   justificado, 25, 28
   justificado sem recuo, 25, 26
   mancha quadrada, 25, 30
   semijustificado, 25, 29
   simplificado (AMS), 25, 31
Comunicados de divulgação, 63-67
Condolências, cartas de. *Veja* Solidariedade, cartas de.
Confirmação de pedidos, 53-56
   entrega com atraso, 55-57
   entrega parcial, 58
   entrega substituta, 59
Confirmação de recebimento, cartas de, 51
Confirmações, 51
Consultas, 38-40
Consultas, respostas a, 60-64
Convites, 118-121
Cópia, notação "cc", 24
Correio eletrônico, 13

Crédito, cartas de, 69-77
  confirmação de crédito, 73-75
  pedido de crédito, 69, 71
  pesquisa para concessão de crédito, 69-73
  recusa de concessão de crédito, 73-77
  respostas a pedido de crédito, 70-74
Cumprimento, cartas de, 114-117
Currículos, 126-135

Data, 22
Demissão, cartas de, 148-149

Emprego, correspondência de, 125-151
Encaminhamentos, 64
Endereçamento interno, 22
Entrega, cartas atrasadas, 55-57
Entregas parciais, cartas sobre, 58
Envelope, 32, 34
Envelopes de resposta, 100
Espaços em branco, 21
Estilo padrão de pontuação, 27
Estilo sem pontuação, 27
Expressões redundantes, 10-12

Fecho, 24
Formatação, 21
  de currículos, 126-131
  de relatórios formais, 184

Iniciais de referência, 24

Linguagem discriminatória, 14

Mala-direta, cartas de venda por, 100-101
Memorando interno, 53-57

Oferta de emprego, recusa à carta de, 146

Parágrafo, formatação de, 21
  Diferente, 32
Pedidos, 41-43
Pontuação, 27
  estilo aberto, 27
  estilo padrão, 27
Post-scriptum, 32
Propostas, 184-190

Queixa, cartas de, 85-87

Reclamação, cartas de, 85-91
Recomendação, cartas de, 143-145
Recusas, 65-66
Redundância, 9-12
Referência, cartas de, 143
Rejeição de candidato, cartas de, 147

Relações públicas, cartas de, 106-110
Relatórios, 169-184
  formais, 176-184
  informais, 171-176
Remessas, 51
Reparações, 91-96
Respostas, 47-66
  cartas complementares, 48
  cartas preliminares, 56
  confirmação de recebimento de pedido, 51-56
  confirmações, 51
  consultas, 60-64
  encaminhamentos, 64
  entrega com atraso, 55-57
  entrega parcial, 58
  entrega substituta, 59
  notificações, 49
  recusas, 65-66
  remessas, 51

Saudação, 22
Semijustificada, disposição de carta, 25, 29
Simplificada, disposição de carta, 25, 31
Solicitação, cartas de, 37-43
  consultas, 38-40
  pedidos, 41-43
Solidariedade, cartas de, 114-116
Subscrição da empresa, 24
Substituição do pedido, cartas de, 59

Termos comerciais, 93-97
Texto voltado para o leitor, 7-8, 77, 78
Timbre, 22

Venda, cartas de, 99-106
  mala-direta, 100-101
  promoção, 103-104
  varejo, 100-102

IMPRESSÃO E ACABAMENTO:
YANGRAF Fone/Fax: 6198.1788